大師教你西洋神奇占數術

乾坤子◎著

關於作者

乾坤子

精研各類命理占卜學說三十餘年，學貫中西，對於中國傳統的易經、風水、紫微、命相等五術鑽研頗深之外，關於西洋的占星、塔羅、撲克占卜亦有獨到的研究，並且相互輔助印證，以求獲得更為精準的結果。

出版有各類命理著作五十餘種，為國內深受推崇的命學大師。

前言

中國古代流傳星占圖籤，推步天道運行，計策陰陽盈虛消長，國運之盛衰興亡，宿命之榮枯遂蹇，玄妙奧秘，凡人之吉凶禍福，莫不有數存焉，專夭窮通，莫不寄藏數中，古諺故云：「命中註定，在數難逃！」

數之有象，象之有數，或言象數，或言數靈，咸認天地宇宙之萬象，可以代數而皆可以數代涵蓋而包羅，因此生生不已，變化億萬而無窮。

古云：「太極生兩儀，兩儀生四象，四象生大業，大業化吉凶。」數之基本由1至9，演衍而包羅萬象，度量衡之以數計，宿命之以數推，唯以數推命之或然，隱寓而必須演繹以為理解。

今之言數，若以為天一為太極，從一至九而不必界說，唯數之原始必有以界說而可以理解，相傳數據之概念源於天文星象，古代西洋亦然。

傳說西洋古代聖賢有感於占星之繁複而寄藏數靈，原始並不具備「零」之理念，因此代表死亡與再生的冥界之神「勃爾特PLUTO」即被摒棄不用，九數分別以數靈星神代替。

但是古代的天文星象之中，只有日、月、火、水、木、金、土七曜為人類所最熟悉，一星曜主宰一數，還有二數缺乏主宰星神，於是想像把海洋之神「NEPTUNE」及天空之神「URANUS」湊足九數，相信七曜出於海，遊行於天空而又歸宿於海，如此循環不息而可以解釋七曜九數。

古代這種七曜九數之觀念，剛好與我國七星九曜的說法相當，並且由於古印度民族阿里安人發明了占星術而流傳到歐美，而在占星術中含蘊著「數的神秘性」，終於脫離占星術而發展成為純粹而單獨成立使用的「占數術」。

傳說古代卡羅第五人和埃及人對於「占星」、「占數」有非常驚人的成就，能夠巧妙的應用「占數術」而廣泛的推衍人生一切事項，並且由於亞歷山大大帝、羅馬凱撒大帝之征服埃及而漸次把它傳入了歐洲，並且流傳到今天，所以現在的日本及中國研究占數術學者，一般特別冠名「西洋占數術」來表示傳自西洋，並且用來與傳統的命理學術以為區別。本書現在即將介紹的就是此一「西洋占數術」。

儘管此一「西洋占數術」可以單獨廣泛的運用，不過在針對推測人命的時候，則與「西洋占星術」各有勝長，而將二者相互配合應用時，則更能發揮玄奧神奇的準驗，所以西諺也有一句類似「在數難逃」的諺語：「人生有數，數盡則命盡！」

目錄

CIPVLIS
SIQVIS
ODIT
DME·ET NON

第一章

占星術是占數術的基礎

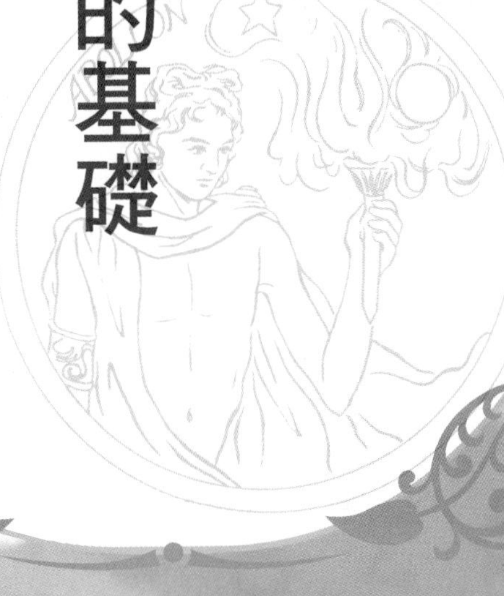

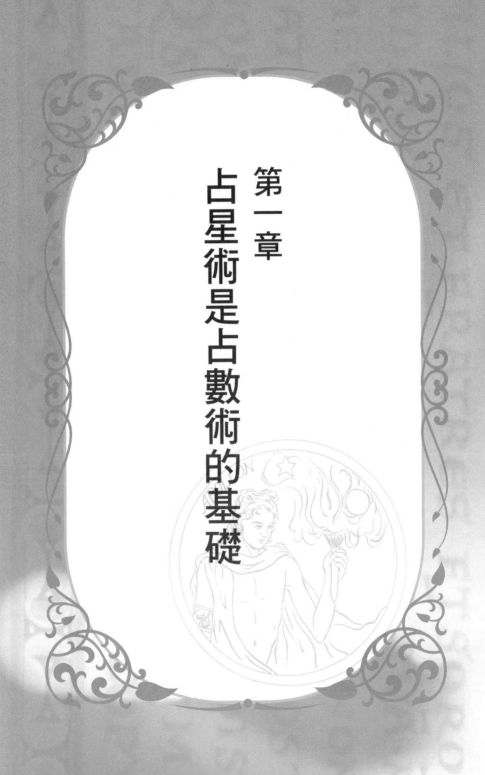

你對數字的看法是怎樣的呢？是不是把它單純地看成一種計數的工具？或者是決定次序的記號而已？你這麼想嗎？

畢達哥拉斯便曾經說過：「數是世界萬物的根源。」

「占數術」用數來占卜人生問題，它與占星術有非常密切的關係。

它的構想是：「數是萬物的根源。數的基本是由1～9，是依據太陽系的天體組織而構成。」

古代的人，究明這由1～9的數和天體的關係。數的神秘性和由星（天體）所受的影響與我們人的命運的吉凶作用相結合，於是便成立了「占數術」。

根據此一占數術脫胎於天文星象的想法，於是有許多人都相信「占星術」是「占數術」的基礎，所以在玩習此一占數術之前，我們不妨先看一看「西洋占星術」，最少也應該對於占星術的十二宮位守護神有一個基本性的認知。

「占星術」把天體劃做十二等分而成為黃道十二宮，並且賦予每一宮位有其相當

宮	符號	守護神	守護星符號	數字
獅子宮	♌	太陽為守護神	☉	1
巨蟹宮	♋	月亮為守護神	☽	2
雙子宮	♊	水星為守護神	☿	5
金牛宮	♉	金星為守護神	♀	6
白羊宮	♈	火星為守護神	♂	9
雙魚宮	♓	海王星為守護神	♆	7
寶瓶宮	♒	天王星為守護神	♅	4
摩羯宮	♑	土星為守護神	♄	8
人馬宮	♐	木星為守護神	♃	3
天蠍宮	♏	冥王星為守護神	♇	0
天秤宮	♎	金星為守護神	♀	6
室女宮	♍	水星為守護神	☿	5

的星座名稱及符號，如獅子宮用獅子頭及獅子尾來表示，雙魚宮用兩條魚來表示……大約可從上頁圖獲得一個代表十二宮的符號印象。傳說中，日月五星各以希臘神話中的一位神祇來管理七曜，並且守護著該星座誕生的人，另外加進了三位神祇——「海王」、「天王」、「冥王」——而使十二宮皆有其守護神。

這十位神祇剛好從0至9，只是在古代還沒有「0」的數據意識，因此在占數術中就不使用象徵「0」的冥王星，於是從1至9皆具備了相當其星神的神格意義。這九位被應用於占數術中的神祇，我們認為祂們主宰管理其所代表之數，並且左右影響其數，於是我們就稱為「數靈之神」，以下說明其所代表象徵之意義——

一、太陽神代表「1」數，有「威嚴、權力、愛情」等等之暗示，象徵「光明、創造、熱情」。

二、月女神代表「2」數，有「平和、溫和、浪漫」等等之暗示，象徵「母愛、女性化、深情、流浪」。

三、木星邱比特代表「3」數，有「獨立、向上、才能」等等之暗示，象徵「真理、才藝、風流、惡作劇、雙重性格」。

四、天王星宇拉諾斯代表「4」數，有「孤獨、推理、變動」等等之暗示，象徵「自由、進步、跳躍、友情」。

五、水星麥寇萊代表「5」數，有「知能、機能、勤勉」等等之暗示，象徵「智慧、雄辯、適應、容忍、鑑識、交流」。

六、金星維納斯代表「6」數，有「明朗、調和、活潑」等等之暗示，象徵「完美、藝術、性感、和諧、慾求、佔有」。

七、海王星代表「7」數，有「神秘、空想、變化」等等之暗示，象徵「含蓄、幻想、猜疑、混亂、抒情豐富」。

八、土星撒旦代表「8」數，有「冷靜、執著、陰沉」等等之暗示，象徵「勞動、孤獨、抑制、忍耐、努力」。

九、火星邁斯代表「9」數，有「勇氣、鬥爭、破壞」等等之暗示，象徵「勇壯、戰鬥、男性化、熱情、進取、勝利、流血」。

1

數靈神阿波羅，是日曜太陽的表象，執掌著光、熱、智慧和意志。

2

數靈神流妮，或稱黛安娜，是月曜太陰的表象，執掌浪漫、冒險和變化。

3

數靈神邱比特，是木曜木星的表象，執掌歡喜、愛慕、樂觀。

4

數靈神宇拉諾斯，是天空之神，執掌自由、進步、跳躍、友情。

5

數靈神麥冠萊，是水曜水星的表象，執掌知識、科學、雄辯。

6

數靈神維納斯，是金曜金星的表象，執掌美、文藝、音樂。

7

數靈神尼普都里，海洋之神，執掌神秘、變化、空想。

8

數靈神撒旦，是土曜土星的表象，為農業之神，執掌著沉著、勞動、冷酷。

9

數靈神邁斯，是火曜火星的表象，執掌火、戰爭與風暴。

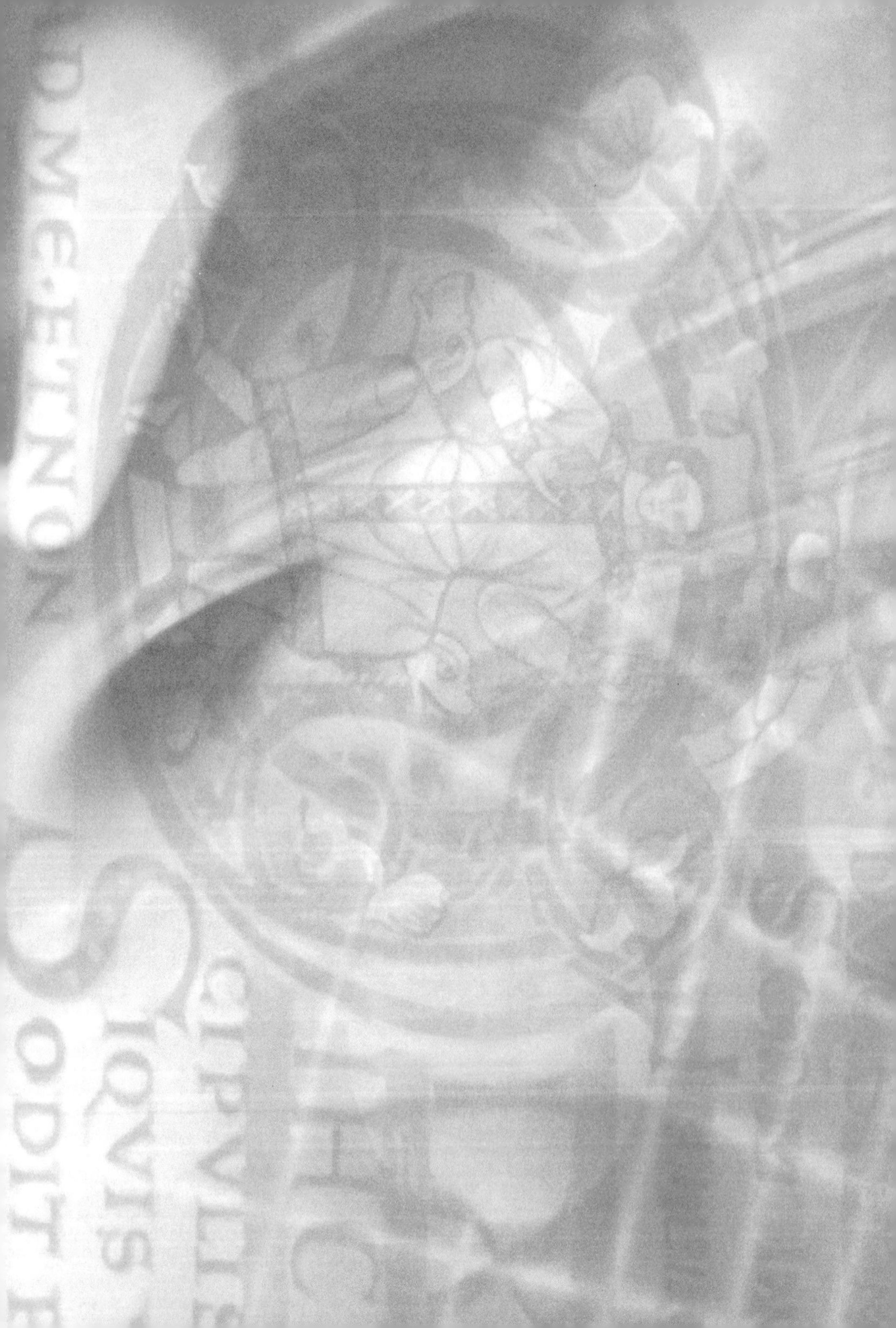

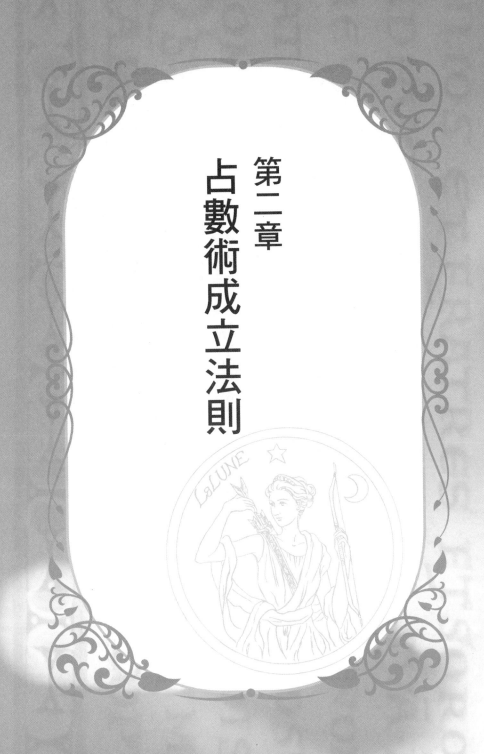

第二章

占數術成立法則

古代人發現了「數」的神秘性，凡是我們人類的日常生活中、社會生活中，都與數據發生了密切而不可分離的關係，譬如度量衡以數字來表示，住址有門牌號碼，駕駛執照、車牌……等等都用數字來表達，並且可以用天上的星神來表象單獨數字的意義，終於發明了「占數術」。

由於「占數術」所取用的只是最基本的從「1」至「9」九個數字，於是用「九」為數字的「極限」，以「一」為數字的「極小」，相信超越「九」之數字，又將恢復成為1至9的單位數字。

譬如「7」是個「神秘」、「變化」、「空想」的數字，它像海洋（海神的世界）一樣充滿了不可知的神秘，富於變化，也富於幻想，同時也象徵著古人已知的七曜，於是產生了一「星期」有「七天」的循環週期，並且發現了「七」數與天上七曜有神秘的關聯，如果以「1」週期來除以「7」曜，則其平均週期為零點「一四二八五七」循環小數，好像天運之無窮無止。

我們把「一四二八五七」之各個數字相加，「1+4+2+8+5+7=27」，又因為27非個位數，於是又相加而得和「9」，剛好成為個位單數的極限。

換一個方式來說，任何一數加「9」，有一種不見增減的無奈感覺，雖然人類對於個人之生存生活已經做了最大的努力，但在人類全體之生活生命而言，就好像沒有任何影響一樣。

譬如說：

1＋9＝10 → 1＋0＝1

2＋9＝11 → 1＋1＝2

3＋9＝12 → 1＋2＝3

4＋9＝13 → 1＋3＝4

5＋9＝14 → 1＋4＝5

6 + 9 = 15 → 1 + 5 = 6

7 + 9 = 16 → 1 + 6 = 7

8 + 9 = 17 → 1 + 7 = 8

9 + 9 = 18 → 1 + 8 = 9

……於是在這個位單數的數的神秘性質中，我們發現任意整數能為「9」整除的任意整數，其數字和必等於「9」，不能以「9」整除之任意整數，其餘數必等於其數字和。

這種數的數字和與9的神秘關係，就好像我國的八卦易數的道理，尤其最接近於梅花易數的將數據演化成為八卦的道理是一樣的，換句話說，任意數據之數字和用「9」來表示其數據之原始神秘性質，這就是占數術成立的法則。

例如有一支電話號碼「二七八一三五一」，用九除之，剛好等於號碼數字和

「2+7+8+1+3+5+1=27→2+7=9」，表示這一電話號碼含有「9」的數靈意義，暗示它的主人具備勇壯、奮鬥、進取的精神，雖然生活在逆境困苦或曾經遭遇失敗的傷痛，但是由於其為人熱情、好友，經過奮鬥進取之後，終於獲得成功、成就。

事實上，在古人的天文星象觀念中，含蘊著「我在故我思，我思故我在」的自我意義，很久以前並不確知地球及其他行星皆環繞太陽運轄，一直詔為地球為天地的主體，七曜皆環繞地球運行，於是任何能夠表象數據意義的事物的吉凶意義，必須相對於擁有者本人的宜忌而產生吉凶意義，因此剛才所學之電話號碼，在「生辰數靈」為3、6、9的人來說，是一個幸運的號碼，在其他數靈生人，卻又未必能夠有前述之數靈之吉凶意義。

總之，占數術相當於占星術，其主要目的也像占星術一樣的在探求自我的宜忌吉凶，只是在占斷取用方法與原則上有所不同而已。

緣此占數以占是意識為基礎的概念，占數術以基本單位數字，從「1」到「9」為占數的基礎，凡天下事物可以以數字推衍的，但以單數來表示其表徵，如1為太陽，2為月亮……9為火星之類，因此複位數字，皆使其數字相加至成為基本的單位數字來應用。

因此，10以上之任意整數除以9的餘數，即為其數字和，例如：

3785 ÷ 9 = 420……餘5

3 + 7 + 8 + 5 = 23 → 2 + 3 = 5

2781351 ÷ 9 = 30939……無餘，數字和為9

2 + 7 + 8 + 1 + 3 + 5 + 1 = 27 → 2 + 7 = 9

除此一使數字單數化的原則而外，並取「52」「星期」之複數以為暗示事物之潛性特質或人性潛在性格。

所以占數術是一門頗為活潑有趣的占卜術！

第三章
數靈吉凶的暗示

占數術附會於七曜之「星期」暗示，相信人生由象徵「太陽」的「1」開始出發，「日」代表「元始、造物主、神、精神、生長、永恆」，而進行到月曜的太陰，而後進行到火星，到水星，到木星，到金星，到土星，土星的守護神撒旦，是農業之神，同時也是惡魔之神，象徵著歸宿與死亡，然後「靈魂輪迴」，一個靈魂經過冥界而又轉世新生，再重新回到太陽，循環不已。

這種古代的占數術的觀念非常玄奧奇怪，將基本的九個數字相加的總和為45，45再加上「星期」的神秘之「7」，得到一個「52」的「星期」數目，52×7=364。

古代因此把一年定為三百六十四天，後來發現與星期不符，才增加一個「安息日」來符應天象，因此在占數的取用上形成了複式的觀念，取用「單數」和「複數」來相互配合。

凡是推計成為單數的由「1」至「9」者，表示事物的表面，象徵人間的物質經濟生活，而從「10」到「52」之複數者，即象徵事物內在潛性的事象性質，表示人間的人生觀及精神問題，一旦超過了「52」數，即將「53」視為與「1」具備相同的意義。

現在特將數靈吉凶的暗示，做一簡單的說明：

（1數）豪俠矜貴，波瀾起伏，大器晚成，為孤獨之數，自我心強烈，追求權力、名位，中晚年能於經濟財富，或事業名位，或學術政治上成就威權。

（2數）愁苦疑忌，居安思危，敬懼謹慎，和藹謙恭，安定之數，雖然有風流多情之缺陷，但一生安靜無波，唯恐四十歲有波瀾，晚年愈見溫和安定。

（3數）自負頑固，率性任情，自我觀強烈，雖然具有獨立性格，明辨是非，又具衝動與反抗之激烈性格，因此人際關係不如理想，而且缺乏持久的耐性，以致破壞了先見之明及進取奮鬥的優點，所以必須培養自制而後能夠成功、成名。

（4數）保守多慮，家族感濃烈，一生為家人勞碌，聰智多思，有些孤獨、孤僻之傾向，但具藝術才學，屬於社交活躍而追求進步的矛盾個性，因為往往出現一些改造社會或歷史的英雄豪傑，不然亦為從事教育工作者。

（5數）縱情任性，欲望無窮，性格現實，擅長交際，口才便給，心多計較，呈現雙重性格及雙重之處世待人標準。

（6數）卓立不群，追求完美理想主義，外和內剛，拙於人際關係，容易自陷於情感及精神上的迷惘。

（7數）豁達開朗，情緒千變萬化，情感及人生皆起伏多端，充滿激烈變化的生活，憧憬遠大而流於空談幻想，往往成為演藝人員或虔誠之宗教信仰者。

（8數）高深莫測，波折起伏，陰沉冷酷，追求物質慾求，甚至流於酒色笙歌，內心則執著而空虛，具備適應性及耐性，往往能夠扭轉失敗及逆境。

（9數）性急氣短，暴躁衝動，獨立專橫，奮鬥進取，好勝爭強，性格磊落，為人熱情。

（10數）有吉凶參半的暗示。金錢和財產等經濟的運較少。得人信用有人緣。由於信念、自信的行動而造成結果，是無論吉凶任何場合都可以使聲名揚溢的聲名數。

（11數）是困難之數。在眼前有危險與障礙，如不注意，則有無妄的災害與迫害。

（12數）精神不振、氣弱（縱有金錢、財產也是如此）。精神上的勞苦，為他人的策劃而招來麻煩、困難，遭受精神上的打擊。

（13數）有非常強的作用的變怪之數。突然變更計畫與工作，有破壞變亂的暗示。

（14數）依著自然的強力而變化事物之數，因此也包含著自然界風雨等等惡作用之意。在反面的人事方面，關於金錢交易、投機，和職業上的變化，有昭示吉的作用之數，但冒險與危險也相隨而來。

（15數）代表精神的神秘之數。在藝術面、學藝等方面，暗示有吉的作用，也同時有危險性相隨而來。

（16數）無意之中遇到衰運之數。暗示著有致命的傷害和計畫的挫折等作用，而這凶的作用發現得很快，應該特別的注意。

（17數）是非常高遠的精神數，暗示和平與愛的幸運數。無論遇到如何的困難與障礙，精神上都可忍耐得過。

（18數）破壞精神生活和心的平穩之數。有鬥爭、煩惱、混亂、反叛、詐欺等等的災禍的暗示之凶數。
（19數）這是非常幸運的數。能得社會上尊崇、生活的向上，與受人尊敬的大吉數。
（20數）有向新計畫和未來的目的前進發展的暗示之數，如不得其時，便有障礙與中斷之煩惱。但在現狀上表現出精神的滿足。
（21數）這是非常幸運之數。有升進、名譽、向上、勝利成功的暗示之數。
（22數）有對目前的危險不注意的不安定之暗示，或受他人之欺騙，把他人之罪由自己背負之凶數。
（23數）受到強力的援助有大發展，集金錢、地位於一身之成功數。
（24數）這是幸運數，依著相互援助而使彼此幸運，有暗示和平幸運之數。
（25數）由此向後漸入佳境的未來數。現在是在勞苦試煉之中，能突破困難而成為幸運，有將來希望的暗示之數。
（26數）現狀是很幸運，但不久即起凶的作用。此數與25數是正反面之數。包藏著破產、不合作而招致失敗與交往上的破財等等凶的作用之數。

（27數）在知識面表現幸運的吉數。有權威、權力、支配的暗示，有依創造的能力而獲致名聲與地位之暗示。

（28數）是因對事物的方向錯誤而招致失敗的暗示之凶數。信賴之人反叛倒戈，起對立之爭端。因法的問題而招致損失等等的凶作用之數。

（29數）是捲起突發的凶事之凶數。有預想不到的障害。由社會生活方面而來的悲哀與欺騙，使自信喪失，有時有受人詐欺反戈等等的凶作用。

（30數）暗示平凡之數。大致是作用在有形之面，有在精神上是吉的作用，物質、行動上是凶的作用的暗示之數。

（31數）數的本身具有強力作用。表現著孤立與孤獨。除了精神活動和學術成就之外，暗示有凶作用之數。

（32數）在結合、集團、共同、合用等場合是起吉的作用之數。例如結婚、共同事業等，都具有吉的暗示。

（33數）吉數。但不能只依自力，應受第三者及他人之援助，受他人之援引而有成功的暗示之弱吉之數。

◎由34數到52數是與所改變的單數有同數之關係，依著同樣的暗示意義去判斷即可。例如：

34數成為7數，與25數意義相同。

35數成為8數，與26數意義相同。

36數成為9數，與27數意義相同。

37數成為10數，與28數意義相同。

38數成為2數，與29數意義相同。

39數成為3數，與30數意義相同。

40數成為4數，與31數意義相同。

41數成為5數，與32數意義相同。

42數成為6數，與33數意義相同。

43數成為7數，與25數意義相同。

44數成為8數，與26數意義相同。
45數成為9數，與27數意義相同。
46數成為10數，與28數意義相同。
47數成為2數，與29數意義相同。
48數成為3數，與30數意義相同。
49數成為4數，與31數意義相同。
50數成為5數，與32數意義相同。
51數成為6數，與24數意義相同。
52數成為7數，與25數意義相同。

以上是複數（兩位數）所表現的吉凶。到52數為止是一年間的週數止於五十二週數，所以到52數為止。

以上所舉的數之意義，不過是其大概的意義，而每個數又各有可以應乎時與事，而產生機會的暗示之應用。

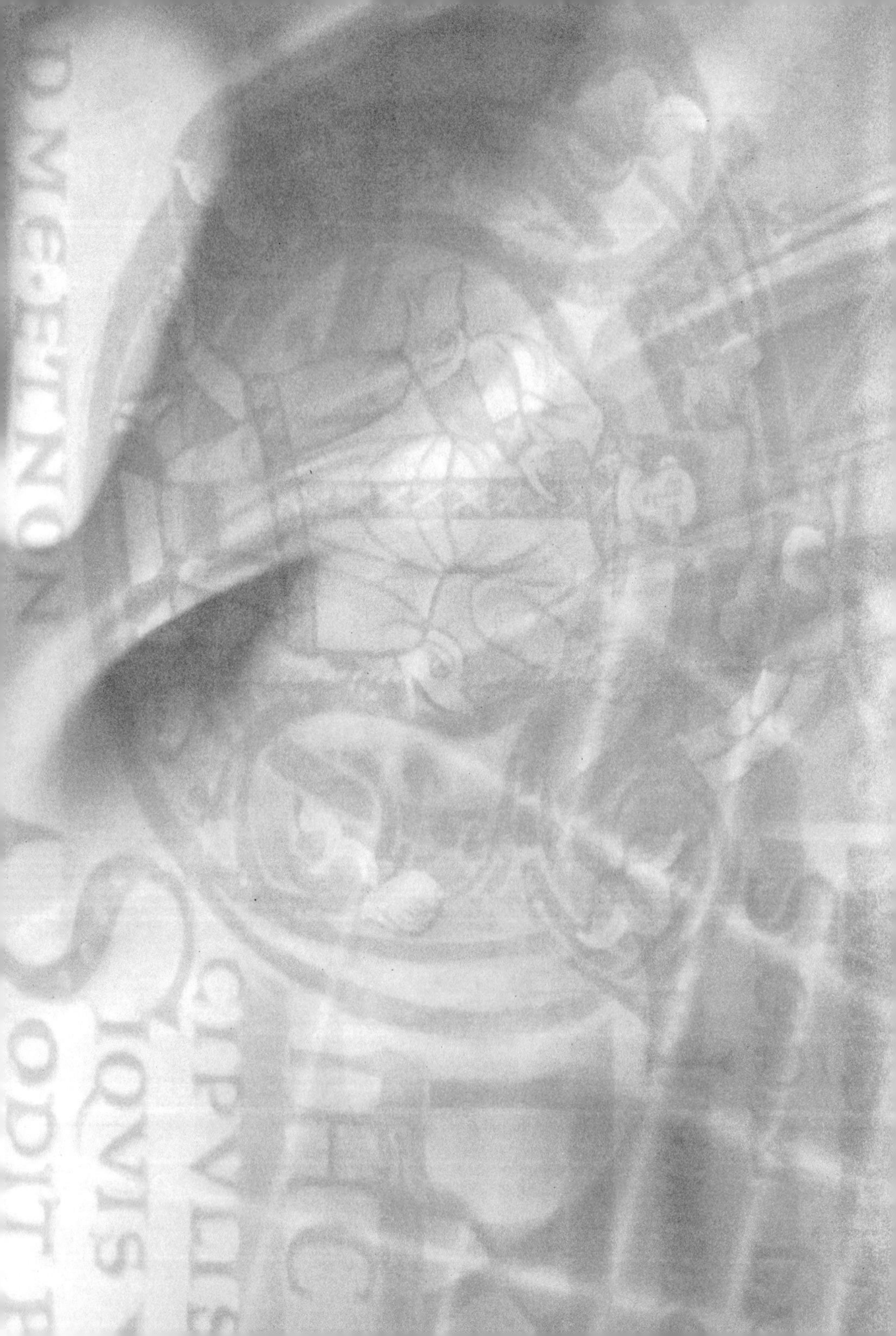

第四章
姓名占數吉凶

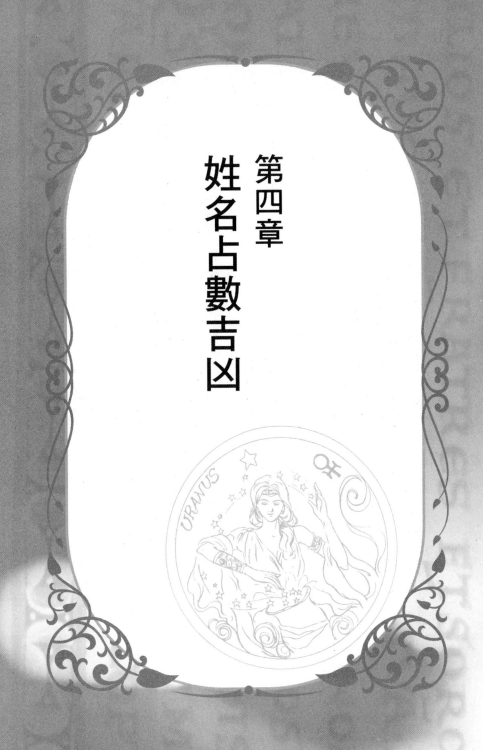

我國或者原有姓名學之講究，但是在現代所接觸的是東洋化的傳自日本的「熊崎式姓名學」。

相當於姓名學的吉凶判斷方法，可以用占數術來表示判斷，我們稱之為「西洋式姓名學」或「占數術姓名學」。

一、用羅馬文字表示姓名數的方法

占數術很可能發生於古羅馬文化，因此其文字字母皆代表某一數字，依據前述之法則，將姓名數字之總和，分別變化成為「單數」與「複數」，即可依據前一章「數靈吉凶的暗示」來做簡易的判斷。

1、把姓名全部數字加起來而成為兩位數字之「複數」，此一複數代表本姓名之精神及性格。

2、把複數演化成單數，此一單數表示本姓名的物質經濟生活。

3、用姓名單數與本人之「生日數」比較，凡二者互相調和者為吉，二者不相調和者為凶。

二、羅馬字母所表示的數

從下表所示，我們非常驚訝在羅馬字母中缺少「9」的代數文字，我們已經無從考據其原因，根據啟羅先生的說法，占數術為阿里安人（古印度人種）所發明，後來傳給了希伯來人，所以必須用古羅馬文字來表示數字，由於羅馬人認為「9」是屬於神的數字，不可輕易褻瀆，應該做特別處理，因此任何羅馬字母皆避開了「9」，所以在姓名占術中只用到「8」而不用「9」。

附按：我們八卦分先、後天，先天八卦序數，乾一、兌二、離三、震四、巽五、坎六、艮七、坤八。後天八卦序數，坎一、坤二、震三、巽四、中五、乾六、兌七、艮八、離九，此一先、後天八卦序數觀念：竟與西洋式姓名學的觀念不謀而合，我們除了驚訝以外，根本無以解釋此一巧合。

A 1	B 2	C 3	D 4	E 5	F 8	G 3	H 5	I 1	J 1	K 2	L 3	M 4
N 5	O 7	P 8	Q 1	R 2	S 3	T 4	U 6	V 6	W 6	X 5	Y 1	Z 7

1	A	I	J	Q	Y
2	B	K	T		
3	C	G	L	S	
4	D	M	T		
5	E	H	N	X	
6	U	V	W		
7	O	Z			
8	F	P			
9					

三、姓名計數舉例

◎例題一：

現在舉出「山田花子」這位女性。她的姓名數按日本語的拼法如下：

ヤ	マ	ク	ハ	ナ	コ
YA	MA	DA	HA	NA	KO
11	41	41	51	51	27

11＋41＋41＋51＋51＋27＝222＝6

2＋5＋5＋6＋6＋9＝33＝6

(1+1)＋(4+1)＋(4+1)＋(5+1)＋(5+1)＋(2+7)＝33＝6

把以上的數全部加起來成為兩位數（複數），把兩位數再變為一位數（單數）。

姓名相加成為33，3與3相加成為6數，即是：

單數（表面、物質）6數。

複數（內面、精神）33數。

吉凶判斷按6與33數去查看。

◎例題二：

阿布拉哈姆・林肯

ABRAHAM　LINCOLN

1 2 2 1 5 1 4……16 = 7　3 1 5 3 7 3 5……27 = 9

7 + 9 = 16 = 7

1221514 + 3153735 = 4375249 …… 34 =7

姓名各自相加的數是7和9，複數是9數，單數是7數。

林肯被暗殺者刺傷，於4月16日死亡，是與7數有關聯。姓名的複數16，數意有「致命的傷害……」之意。

四、外國姓名譯音用字困難

西洋式姓名學，首先必須把外國之姓名音譯成為羅馬文字而計數為合格。

但對於外國姓名音譯翻譯成羅馬文字拼音時，可能因為拼音之差異而造成不一樣的結果，如果勉強要將我國姓名翻譯成為羅馬文字時，如果不是外文程度一級棒，就必須具備一本《王雲五字典》，不然連想翻譯都辦不到，又何以為消遣玩習！

對不懂得羅馬拼音的我們來說，我們似乎可以選取姓名之筆劃總數為占斷試驗。

例如：

3	5	8	3	19	……1
山	田	花	子		
8			8	16	……7
林			肯		

五、姓名學含有數字和的神秘性

數字以基本數字九數為根據，凡是任意整數之數字相加之結果，必定出現一定之基本數字，此一數字和的神秘特性，奠定了西式姓名學的玄秘神奇與興趣。

六、姓名學方法可以引申占斷其他事物

我國《易經》載曰：「易有太極。」「易與天地準，故能彌綸天地之道。」占數術亦相類於此，凡是符合於界說範圍內之事物，必能以為界說而以界說解釋之，因此如門牌號碼、電話號碼、車輛牌照……等等，皆可以引用西式姓名學之方法以為占斷。

但此以占數術之立說正確為前提，而其他占數皆為符合占數的占斷才能研判吉凶，如果占數術自失其準驗之前提，那麼要來研究占數術也就毫無意義了。

第五章

占命以生日基數斷吉凶

占斷人命吉凶，通常只取生日之基數做為吉凶之研判根據，這種說法，大概是根據占星術以日踐推命而來。

雖然我們不很明白其中的道理，不過由於它的說法非常接近我國子平推命術以日干為主的說法，而且相當於紫微斗數以生日定紫微的原則，我們還是能夠想像接受的。

當我們以生日占斷人命吉凶的時候，大抵必須使生日變成為基本九數的單數以為占斷。因為單數表示著事物表面的意義，象徵人生之可見的物質經濟生活，甚至可以推測其性格、財運、職業、性慾問題……等等。

基數	生日（以陽曆誕生日為準）			
1數	1日	10日	19日	28日
2數	2日	11日	20日	29日
3數	3日	12日	21日	30日
4數	4日	13日	22日	31日
5數	5日	14日	23日	
6數	6日	15日	24日	
7數	7日	16日	25日	
8數	8日	17日	26日	
9數	9日	18日	27日	

第一節 1數生人熱情洋溢

1數的象徵是太陽，有「威嚴、愛情、權力」等等之暗示。

凡每月1日、10日、19日、28日生人，不論年、月、時，即依本節判斷，唯七月二十八日、八月一日、八月十日、八月十九日、八月二十八日、三月二十八日、四月一日、四月十日、四月十九日、四月二十八日出生的人，比較其他月、日出生者多具此數之特長，吉凶的兩作用也都較大。

一、性格

具有開朗、快活、勇敢、寬大、高尚、開放的性格，獨立性向上心強，對事物熱心，對任何事都是以光明正大的態度，有王者的風格。常有居人之上位與喜歡他人崇拜的姿態。

短處——自我心過強，對權力和名譽有野心（此是失敗的根源）。變寬大為急躁，為虛榮心所牽縛。

為了補救這些短處，對事物要有善加調和的看法，不要以自己的見解強加於他人，充分發揮長處加以努力實行，乃是成功的根本。

二、財運與職業

當於此數的人，受非常幸運的恩惠，在社會上多有立身出世的暗示。因此金錢上也沒有不足之處，特別是有由他方面所得的意外財產的機會等等特長的暗示。

在反面，投機的面弱，招致想不到的損失。1數的長處之積極性，有時成為害處，使役他人的場合，頗多煩惱。

總之求物質上的富裕，常有被精神上的名聲權威而分心的傾向，運勢的重心繫於此，事業的成功也在於此。

☆**適當職業**——公務員、實業家、藝術工作。

有強烈意志及對事物的光明正大態度，有非常的實行力……等等特色，對這些職業能夠十分的發揮能力。

只是對1數出生的人必須有一個很能與之調和相處的輔佐的人，這樣的調和對於1數的人的運勢有很大的變化。

即是不要使之過於躁進或是過於誇張，必須有一個使他與人能夠發生調和的作用的人來輔佐。這一輔佐的有無大小，可以左右此數生人的成功。所以務必選擇對於1數調和數的誕生日之人為輔佐的幫手。

三、幸運事物

經營、勝負，以及性等等的成功秘訣，應注意下列的事項：

（招來幸運之數）1、10、19、28及2、4、7。

（招來幸運之月）由七月二十一日到八月二十八日之間，由三月二十一到四月二十八日之間。

（招來幸運之日）一日、十日、十九日、二十八日。

（招來幸運之曜日）星期日、星期一。

（招來幸運的色彩）黃色、黃金色。

（招來幸運的寶石）黃玉琥珀、鑽石。

此數之人與「2、4、7之數」的誕生日的人結婚，即是與2日、4日、7日、11日、13日、16日、20日、22日、25日、29日、31日出生的人結婚，則精神上、肉體上都有最高的表現。

四、健康運

1數之人心悸亢進，血液循環不規則，容易患病。晚年有高血壓的危險。此外眼目需注意有亂視的傾向。

對健康應當注意之月份是十月、十一月、一月。綜觀一生，在一歲、二十八歲、三十七歲、五十五歲，是健康變化之年。

應用下列的食品和藥用植物可以保持身體健康：葡萄乾、藏紅花、龍膽草根、橘子、檸檬、薑、大麥等物。

五、性慾問題

此數之人，不問男性、女性，對戀愛都是表示直線的愛情。對於異性或是意中人表示絕對的誠意和獻身的犧牲。

對這直線的愛情也有極大的反動的。那就是任著自己的意志，愛情是片面的想法，不透過對方，愛一變而為憎恨，有時做出極端的行動，需要加以注意。

又在另一方面有易熱易冷的傾向，特別此數的女性是如此的。

大致此數的男女，在戀愛中，墜入深切的問題，等到成功之後，男性便對於工作，女性對於家庭集中起來自己的趣味，以前熱烈的感情又不知跑到哪裏去了。

凡此數誕生的人務必要注意與長期繼續沉著的異性發生關係，必須由各方面來考慮對方的心情，抑制自我本意的行動，以便合乎對方的趣味。

六、調適性格以為開運

此數之人應以「和合」為第一，勿自誇尊大，對他人同情，以此等行動，乃開運之基礎。

此數之人多有唯我獨尊的傾向，因此往往把到來的幸運失去。知能善為建立輔佐，得部下、友人及協力者之幫助，則可增加自己的十倍、二十倍之力，成為成功之根本。

第二節　2數生人精神靈敏

2數的象徵是月亮，有「平和、溫和、放浪」等等的暗示。

凡每月2日、11日、20日、29日生人，不論年、月、時，即依本節判斷之，唯在六月二十日、六月二十九日、七月二日、七月十一日、七月二十日出生的人，比其他月、日出生的人，多具有此數之特長。吉凶約兩作用也是比較大的暗示。

一、性格

溫和、寬容、親切，富於夢想，喜歡應酬。男性多得友人的幫助，受女性的青睞。女性則是有人緣與魅力的人。

男女就浸潤於出乎常情以上的夢想情態，成為吸引異性的基礎，對人際關係是謙恭和藹，與人無爭。

短處——喜歡閒談，其長處是溫和的社交有時便成為多餘的閒話，因此必須不可忘記保持適度，同時對於放浪性一步走錯，生活態度便成為沒有節制了。

二、財運與職業

當於此數之人，受精神的幸運之恩惠，雖貧窮亦能過和平之生活，特別是在晚年能得安定之生活。與不動產有緣，晚年可以有相當之不動產。

關於職業，因其性格和平溫和，容易乘隙而進取，而做一個實業家，用權謀術數，進退於政界，或是在公務員的行列裏有受到他人的排擠，被人拆臺的危險，不可不加注意。

在反面，此數受廣大人們的仰慕愛戴，有受與物質運不相符合的名聲運的恩惠。此外在學藝、藝術的意義上，特別是情詩與小說有出類拔萃的成就。向這方面的職業發展，必可得大成功。女性對此職業是最為適宜。

☆**適當職業**——具有創造能力的職業，如像以企劃編輯為主的報業或出版業工作，和旅行有關係的事業，太過於積極的社交活動也不適宜，應按自己的才能平穩的發揮，慢慢的為他人盡力，由溫和的點上生出來的工作。至於金錢第一的實業界和販賣等等都不適宜。

此數之人，以積極性為第一，注意養成實行力，否則將有逃避現實，追求夢想，一切計畫均成泡影的危險的可能性。主要是不要涉及理想論，要注重實行。面對自己眼前的現實，選擇適當手段，養成實踐的習慣是成功的基本。

三、幸運事物

〈招來幸運之數〉2、11、20及7。

〈招來幸運之月〉由六月二十日至七月二十七日之間。

〈招來幸運之曜日〉星期日、星期一、星期五。

〈招來幸運的色彩〉淡綠色、乳白色、白色。

〈招來幸運的寶石〉珍珠、月長石。

此數之人是採理想的戀愛結婚態度，與「1、7之數」的誕生日——即是1日、7日、10日、16日、19日、25日、28日出生的人結婚，可以有得到甜蜜的夫婦生活的暗示。

四、健康運

此數之人，容易患腸胃疾病、消化系統的疾病。要注意食物中毒、胃病、腸炎，內部腫腸，由腸胃疾患而難得醫治的胃癌及皮膚病等。

應注意健康之月是一月、二月、七月。在二十歲、二十九歲、四十七歲、五十二歲、五十五歲乃是健康上的變化之年。

其次應用可以保持身體健康的食品和藥用植物：萵苣、包心菜、蘿蔔、甜瓜等等。

五、性慾問題

此數之人不問男女，均具有羅曼蒂克的戀愛情態，因此遇到異性，不能立即思考做為性的對象。

在反面又太過於脫離現實，只看對方的浪漫之一點而相愛，結果造成非常多的悲戀的可能性。

特別是女性多有此種類型，一旦不合乎自己的趣味與個性，以對方的男性，為現實主義者，自己一方面又不試著了解對方，立刻就發生離異，破壞了自己的美夢，這是易於悲戀的傾向。

如此便不能有幸福的人生，戀愛是男女把彼此不同的性格互相以不同的魅力相遇合，因此就不能把自己的羅曼蒂克強加於對方。

男性是非常注重形式，尊重女性第一，受女性歡喜，容易結合在一起，只是醉心戀愛，忘了嚴酷的現實，結婚後招致意想不到的失敗，這一點必須注意。

第三節　3數生人積極自負

3數的象徵是木星，有「獨立、向上、本能」等等的暗示。

凡每月3日、12日、21日、30日生人，不論年、月、時，即依本節判斷之，唯在一月二十一日、三月三日、三月十二日、三月二十七日、十一月二十一日、十一月二十七日、十一月三十日、十二月三日、十二月十二日、十二月二十一日、十二月二十七日出生的人，比其他月、日的誕生日之人多持有此數之特長，有吉凶兩作用較大的暗示。

一、性格

具有獨立心、正義感、攻擊的、支配的和機動的行動力。男女都是面臨危機與困難問題之時，表現出突出而激烈的行動。

長處——有豐富的判斷力，無論對任何事都有敏銳對處之感，有先見之明，不斷比他人向前進步。

短處——氣質容易變化，溺於自己的才能，過信自己剝奪感情，易起厭煩，不能信用眼前的人。

在3數的暗示，心情的積極與遷變激烈，這便是運勢上的負號，因此對人的關係有信用低落之感，此點應加注意。另一方面只是去運用支配的、獨裁的、統率性好的一面也不可以。否則對人關係上必定使他人發生反彈，特別是招致部下和眼前的人的反抗。

持有發展的運勢的3數之人，能夠固守自己的周圍，便對開運成功有了連鎖。

二、財運與職業

此數之人受非常的名聲運之恩惠，能有造成崇高地位的暗示。富有正義感、機敏的實行力，支配多數人，習慣於統率指導的立場。

特別是在男性的場合，表現最強，即是對工作熱情與行動力，乃是向成功發展的維繫。只是太過於向前的擴展，事業工作雖大，但恐無法善後收拾，因此在積極活動的反面，要有強固的把握，要留心此點。

☆**適當職業**——善意的野心熾烈，立身出世支配他人之意慾頗強。當是著眼由現狀前進一步之計畫。在運勢上將有強烈的性格，如果進入實業界、機關、政界，處於競爭對立激烈的世界，能夠充分的發揮自己的才能，在此場合應當注意之點是與他人的協調與獨裁性。

三、幸運事物

為了開運成功，要留心下列各點事項：

（招來幸運之數）3、21、12、30及6、9。

（招來幸運之月）由二月十九日到三月二十七日之間，由十一月二十一日至十二月二十七日之間。

（招來幸運之日）三日、十二日、二十一日、三十日。

（招來幸運之曜日）星期四最幸運，星期二、星期五次之。

（招來幸運的色彩）藤色、蓮色（蓮青）、紫色。

（招來幸運的寶石）紫水晶。

此數之人「3、6、9之數」的出生日——即是與3日、6日、9日、12日、15日、18日、21日、24日、27日、30日出生的人結婚，是有能夠非常良好的持續性的暗示。

四、健康運

3數之人，有易患有關神經疾病的暗示，心情浮動，陷於疲勞，多使神經衰弱，受神經痛、神經炎與皮膚病的痛苦。

應當注意的月份是十二月、二月、六月、九月等四個月。綜觀一生，以十二歲、二十一歲、三十九歲、四十八歲、五十七歲是健康上的變化之年。

應用下列的食品和藥用植物，可以供身體健康：櫻桃、楊梅、蘋果、桑實、桃、橄欖、石榴、薄荷、藏紅花、無花果、小麥、大蘿蔔、蘆筍等等。

五、性慾問題

此數之人，男女均具有熱情的攻擊性的暗示。特別是男性的場合，表現的特強。性慾的發洩有連續性與持續性的傾向。女性的這種傾向在結婚後才開始出現。如果對方夫又不合此數，則妻之積極性與攻擊性均不得發洩，夫妻之情感容易破裂。

此數之性急與情熱的傾向當然在戀愛方面也不例外，對方如果是此數以外之男性，則將以瞪目驚異的眼光而視，這種攻擊的性格，很容易招致他人的誤解，這也是3數暗示的特長，對愛慕的異性向前進攻，絕不可以說是浮氣的表現。最重要的是對方是否能夠忍耐得住，對於此點應當善為運用，如過於向對方攻擊，則對方反而以為是野蠻的表現。

在反面來看3數持有的氣質是遷變的很激烈，到了某一時期，很容易出現離異的行動，特別是在結婚以後，這種壞傾向很容易出現。這種原因，一方面是追逐的愛情，在戀愛期間，使對方感到了情熱，當然不會出現裂痕。長期的交往或是在結婚之後，問題便發生了，終於造成離婚的悲慘結果，因此3數的積極性在工作和對人關係上是很好的，只有對於異性應當採取消極性，應當抱著徐緩面對的態度。

女性過於對男性甜蜜，使情熱碰壁，反而使男人感到恐懼，因此要以適度的氣氛加以控制才好。

第四節 4數生人執拗孤獨

4數的象徵是天王星，有「孤獨、推理、變動」等暗示。

凡每月4日、13日、22日、31日生人，不論年、月、時，即依本節判斷，唯在六月二十二日，七月四日、七月十三日、七月二十二日、七月三十一日、八月四日、八月十三日、八月二十二日、八月三十一日出生的人，比較其他月、日出生的人，具有4數的特長較大。並且有吉凶的作用比較激烈的暗示。

一、性格

是忍耐、孤獨、思考型的性格，不是活潑的行動家，而喜好閒靜。常想使自己由他人之中超出一步，是能夠鑑定事物的思索型的風格。頭腦非常聰明，具有對於事物推理、研究和發揮學問、文藝、藝術的天才的性格，有時是社交的，反對方面也有非社交的相反的一面，因此被人認為是一種奇怪的類型。

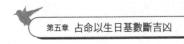

在孤獨的性格之中，內心有對他人親切的深情，雖然如此，如有人來求助，反而有時是冷淡的表情，故以此數之人應有與他人保持調和之性格傾向才好。

此數出生的人有孤獨傲物的傾向，由開運的觀點來看，要多多與人交際，創造出優越的長官和善良的部下的環境。

盡量努力與多人接觸，但不要過分表露自己的才能。依著與他人和合協調去發揮自己才能和得到他人援助，不可只憑自己的個人主觀意識。

又不可將自己的趣味與思想強加於他人。善為研究對方的作為而決定行動，不被物質所束縛，盡量向精神的方向為第一開運發展的方向。

二、財運與職業

此數之人，財政方面的波瀾甚多的度過一生。這是因為4數所暗示的特徵，具有孤獨和優秀的知能的緣故。雖然在創造計畫方面有其長處，但是為了實現，需要大量人才，而此數平日孤獨的性格，結果成了負號。

在反面來說，此數有他人所不及的獨特觀念和特異的研究才能，是其特色，這是對於他的開運的正號。然而這些只是博得世間的名聲，在財政上則並不得受恩惠，反而因執著於物質之富，受他人之欺，招致到意外的大失敗，最好是在暗中運用智慧，居於副領導人的地位，不做表面的行動，慢慢的觀察事物，找出它的進退線索，由暗中加以指導，乃有大的成功暗示。

金錢是依著活動的方式，小有收入。

☆**適當職業**——主要是向精神活動為主的職業發展，有關學問的研究等等，則向土地、農業方向就業為成功的基本。

三、幸運事物

為了成功，應當注意下列的事項：

（招來幸運之數）1、2、7、8。

（招來幸運之月）由六月二十一日到七月二十七日之間，由七月二十八日到八月三十一日之間。

（招來幸運之日）四日、十三日、二十二日、三十一日。

（招來幸運之曜日）星期六、星期日、星期一。

（招來幸運的色彩）柔和的色、中間色。

（招來幸運的寶石）碧玉（藍寶石）。

此數之人與「1、2、7之數」的出生日——即是1日、2日、7日、10日、11日、16日、19日、20日、25日、28日、29日出生的人結婚，身心都有互相和諧的暗示。

四、健康運

此數之人，依自身性格的變化而有疾病苦惱的暗示。大體上是容易患得不完全確定病名的疾病。神經衰弱、貧血症、腎臟陰冷、膀胱炎、頭痛、偏頭痛、腰背痛等等。

注意健康之月為一月、二月、七月、八月、九月等五個月。綜觀一生，十三歲、二十二歲、三十一歲、四十歲、四十九歲、五十八歲是健康上的變化之年。

其次有關保持健康的食品與藥用植物：菠菜、藏紅花、無花果……等等，以及鎮靜神經的治療法，也很有效，反之對辛香料應盡量避免。

五、性慾問題

在孤獨的性格，好寂寞性格的反面，由於氣質的變移，容易陷於獨佔慾強烈的戀愛場中。特別是在女性方面，此種傾向特強，在內面是女性化，而在態度上則表現出霸氣，而因獨佔慾特強，常想使男性侍奉自己，採取自我中心的行動。

又是凡事一任己意，不為對方著想，有強調自己思想的傾向。

在男性的場合反而對女性是消極的。自己所思索的計畫，容易造成執拗的戀愛，並且嫉妒心很強，對方如果不向自己親切注意，是絕不罷休的。

如此的男性與女性，都只是喜歡靜靜的只有兩人進行戀愛。關於性的問題，有時冷卻而使結婚遭到挫折，所以要注意的是尊重對方，男女做開放性的交往，否則便容易遭致悲戀或冷慾症的不幸結果。

第五節　5數生人疏狂執拗

5數的象徵是水星，有「智能、機智、勤勉」等暗示。

凡每月5日、14日、23日生人，不論年、月、時，即依本節判斷之，唯在五月二十三日、六月五日、六月十四日、六月二十三日、八月二十三日、九月五日、九月十四日、九月二十三日出生的人，比較其他月、日出生的人，受5數的暗示很大，吉凶兩作用也很強。

一、性格

放縱（任性），性格激動，對事物不妥協，貫徹到最後，是性格勤勉之人。絕不受他人的指使或強制。一旦受人節制與壓迫，立即表現出抗爭的行動。

由此點來看，一般人認為他喜好爭鬥，但事實並非如是，其原因是在於不與人妥協的激烈性格所造成的。

富有智慧與聰明，同時也帶有神經質，有才子的風度，這神經質如不加以注意，便容易在社會生活上造成重大的失敗，為才子的風格所誤，這是執拗於己見，對事物的觀察深度不夠而失敗。

此數的暗示，多有對事物矛盾的雙重人格。即是相反的性格——與以前的性格具有反對的氣質，令人一見即有矛盾之感，這一切都是由於極端的神經質的性格而來。

此數之人有使自己的聰明才智，在他人面前炫耀的傾向，因此受到他人忌避，結果使自己的前途停滯，所以立身處世之第一要務是必須培養寬忍的美德，不可尖銳激烈的對人。

其次不要受到異性的惡語。為了開運，不能不對異性敬遠。由異性方面的事故招來傾躓，這並非是由於性的關係，而是瑣碎的壞話和不信任，使運勢打了折扣。

因此對人的關係要多加注意，能夠十分注意體力，則有順利的開運成功的暗示。

二、財運與職業

有優異的才能和嚴密的計畫由他人所思想不及之行動，而得到大的成功。

但是因為神經質的性格，如果沒有好的部下和援助者，結果遭遇失敗的是非常之多。此數之人雖有才能，往往是有行動力配合不上之怨。所以必須盡量站在自己的才能知識與現實分開的思想上去行動，才不致失敗。

因為聰明頭腦的優越才能，所以對於任何事都能夠有所作為。同時有關金錢運多受親友的援助，此數的暗示很強，所以在經濟上的生活很是優裕。

在職業的場合，能注意和合調和與人相接，則可保證聲名、地位的向上。

☆**適當職業**——知識的職業。除了文學家、藝術家、學者等等之外，多半是依著自己的才能去尋求金錢與職業。如醫學家，以觀念為主的出版業和廣告業等等，是以企劃為第一的自由職業。

三、幸運事物

為了把握機會造成好的機運，應當注意下列的事項：

（招來幸運之數）5、14、23。

（招來幸運之月）由五月二十一日到六月二十七日之間，由八月二十一日到九月二十七日之間。

（招來幸運之曜日）星期一、星期五。

（招來幸運的色彩）灰色、白色、閃耀有光之色。

（招來幸運的寶石）白金、銀、鑽石。

結婚的對象應選擇5數——5日、14日、23日出生的人，在肉體與精神上都有好的暗示。

四、健康運

容易患得神經系統的疾病。如神經衰弱、不眠症、神經機能障礙、神經痲痺等等。有時由神經末梢疼痛而引起手足疼痛、顏面神經痛等症，應當有充分的睡眠與休養。

注意健康之月是七月、九月、十二月等三個月。綜觀一生，十四歲、二十三歲、四十一歲、五十歲是健康上的變化之年。

其次對保持身體健康所用的食品與藥用植物：胡蘿蔔、包心菜、小麥、菫菜、麵包、薄荷、芥菜（芥籽油）、核桃仁等等。

五、性慾問題

可以分為非常明顯的戀愛之人與地下的戀愛之人兩種，因為這5數的暗示有兩種性格，一方面是明顯的戀愛，另一方面是秘密的精神戀愛。

此數的特長是神經質的頭腦比較聰明，與異性交往多是一方面壓制對方思想的典型和對對方非常冷淡的態度的典型兩種，因此最初是被智慧聰明所吸引，而中途分離的亦不在少數。

此數性格對戀愛與性生活最易發生，而在反面則在超越最後一線之前而失戀。為了避免失敗，應當對異性不談艱澀的理論，而只論男女的關係，此是在才子佳人的上面，覆蓋上比較原始單純的行動為宜。

結婚之後比在戀愛的時期更為困難，過著冰冷的夫婦生活，唯一的維繫只有靠男女的關係了。

第六節 6數生人羅曼蒂克

6數的象徵是金星，有「明朗、調和、活潑」等的暗示。

凡每月6日、15日、24日生人，不論年、月、時，即依本節判斷之，唯在四月二十四日、五月六日、五月十五日、五月二十四日、九月二十四日、十月六日、十月十五日、十月二十四日出生的人，比較其他月、日的人，6數的暗示較大，所以吉凶的兩作用亦大。

一、性格

如象徵的暗示，具有調和、穩重的性格，受萬人愛戴，光明磊落，有適度之活潑，引人之愛嬌，擅長交際，具有不偏激的趣向與趣味，有與人和諧相處並樂於交談的風格。

但在內部秘藏著相當堅強的個性和不屈的精神，但不顯露於表面，表面是表現著調和不使人厭惡的思想與行動。

此數是有精神深度之人。有理想家的素質，受藝術，優於美術的感覺。

在這調和性格的方面，則是拙於決斷力，多少有些迷惘，但這並不就是創建上的缺點。只是性格、行動、思想過於平均，想要成為八面玲瓏的個性與魅力，使容易被人所指謫。

男性的場合——稍有迴讓他人的傾向，然而在內心卻是完全為自己打算。

女性的場合——具有受人愛慕的魅力。

二、財運與職業

此數的男女，均無波瀾的度過一生，具有幸運的暗示，在這嚴酷的生存競爭之中，能夠過著平穩的生活，是很幸福的。無論是家庭、交友關係，經濟的收入，社會的地位等等，一切都有受到恩惠的可能性。

但是此數出生的人的半數，都是對於這種幸運沒有自覺。

特別是女人，更是沒有自覺，除了特殊的職業（美術家、小說家）的女性之外，一般家庭主婦仍然不滿足於這和平調和的幸運，多表示不滿，所以必須對於調和的生活，沒有波瀾的人生，自覺是最大的幸運和真正的幸福才對。

男性的場合——受親友的恩惠，過著無波瀾的人生，是很幸福的生活，然而必須再進一步去考慮發展人生之點。

大概此數出生的男性，特別是沒有自己主動的積極性，但是卻有做起來能有相當成果的運勢，因此由維持現狀到決心行動乃是開運之一法。

☆適當職業——大公司的經理、藝術的職業、以大眾為對象的服務業等等。

三、性格的調適

凡是以溫和調和為主要著眼點，當然很少有失敗之處，但是也沒有出類拔萃的發展，此數之人對周圍環境頗為用心，如此的對人關係是沒有妨礙，但是對於開運成功的方面去想，則是負號，應該拿出過度一點的勇氣去打開環境，如果凡事都要合乎典型那便不成功了。

在平日應當養成一種打破定型的決斷力，不要八面玲瓏的作風。

四、幸運事物

（招來幸運之數）6、15、24及3、9。

（招來幸運之月）由四月二十日到五月二十七日之間，由九月二十一日到十月二十七日之間。

（招來幸運之日）三日、六日、九日、十二日、十六日、十八日、二十一日、二十四日、二十七日。

（招來幸運之曜日）星期二、星期三、星期五。

（招來幸運的色彩）藍、洋紅色、淡紅色。應避開紫色。

（招來幸運的寶石）綠青寶石、土耳其寶石。

結婚的對方——與3、6、9之數之人，即是與3日、6日、9日、12日、15日、18日、21日、24日、27日、30日出生的人結合，是有幸福的暗示。

五、健康運

6數出生的人，大致都是保持著強健的體力，男性容易患得的疾病有咽喉和肺呼吸有關的疾病。女性有胸及乳房的疾病的暗示。一般人是在老年多患血壓關係、心臟關係的循環器系統的疾病。

應當注意健康的月份，有五月、十月、十一月等三個月。綜觀一生，十五歲、二十四歲、四十二歲、五十一歲、六十歲，是健康上的變化之年。

其次保持身體健康所用的食品與藥用植物：菠菜、薄荷、甜瓜、艾草、石榴、蘋果、桃、杏、楊梅、核桃仁、巴丹杏（李之變種）等等。

六、性慾問題

男性、女性都是非常快樂，受周圍人們祝福的戀愛的幸運者，這是因為性格開朗快活，羅曼蒂克式的戀愛，當然受到他人的祝福。

優於美的感覺，戀愛的過程美好清潔，男女雙方可以說是造成正當的戀愛。

在公園的長凳互相談說之戀，觀賞路旁之花草，兩人的悠靜之戀，有時開舞會堂堂在友人之前介紹自己的戀人，披露兩者的豪華絢爛之戀，可以說是喜劇的戀愛。

但是必須注意的是對象也有缺乏個性的魅力和肉體的健美，特別是男性，在這一點上要受到批評。

因為過於調和的溫和性格，對人人普遍的社交性，感覺不得落實等等，雖然外表修飾的很好，但對現代急求肉慾的女性則感覺不能滿足，特別是長於獵取男性健美的女性，便不是她的對手了，如果有了這種感覺的時候，應當拿出男性的氣派到表面上來，但6數的人離婚的卻很少見。

第七節　7數生人情緒善變

7數的象徵是海王星，有「變化、空想、神秘」等暗示。

凡每月7日、16日、25日生人，不論年、月、時，即依本節判斷之，唯在六月二十五日、七月七日、七月十六日出生的人，比較其他月、日出生的人，因7數的特色，對於藝術的、多樣化、獨自性、神秘的等等性格特強。此數所暗示的吉凶兩作用也比較激烈。

一、性格

具有獨立、孤立、強立的個性（藝術家）。尋求變化激烈的生活，熱愛旅行與冒險。對於空想、神秘的事物感覺興趣，因此不受他人言語動作之影響，凡事依著自己獨自的魅力和優於常人的幻想力。

常常是將自己由他人退後一步，用冷靜之感和空想的思考力來觀察周圍人們的行動。按一般職業來說，這是非常有意義的，但有時卻被人看成是怪人的性格，對於事物的看法不一定，對物質欲望淡薄。

就是因為思想脫離現實，性格偏於一端，不受人歡迎。這種風格特別是女人居多。

二、財運與職業

專心於工作、趣味、研究之一途，不問他事度過一生。不執著於名聲、地位與金錢。一切按自己的思想去發展去努力，有非常變化的一生之暗示。

此數之人對物質慾、名聲慾都很淡薄，因此有優越之著述才能，獨創藝術的工作，以為自己生活之道。關於金錢不必自求，而零錢自入。地位與名聲，多由他人賜予，但對人不知感謝，不思利用。逐漸有回復成原狀之傾向，這是因為對於世間一般俗事不太感覺興味，不願意受一定桎梏的束縛，於是猛烈的向另一種形態以求變化而行動。

此7數之人，有如以上的特異之面的人，如果不能有充分可以生活的工作和職業場所，那就很難有什麼幸福可言。此數之人，一般是不關係於幸運，只是發揮自己的才能，研究工作，縱然碰壁，也要尋求到底（不遇之時，不斷的變換職業），把握最後成功的場所。

此數之人，無論費多少時間，總是以找到真正適合本身的工作為最大的開運法，如果依仗著自己的才能與頑強的個性去擔任不適合自己的職務，那便不可能有成功的希望。

不觸及理想論點，持在現實立腳的態度去行動是開運成功的根本。不要以自己的企劃和獨創的觀念去自己力行，能透過心腹部下和有實行力的關係去做，乃是成功之道。

☆**適當職業**──知識方面的職業生活，編輯、計畫、企劃等等部門，文學、繪畫、音樂等藝術的分野，都是感覺必要的特殊職業。

三、幸運事物

（招來幸運之數）1、2、4。

（招來幸運之月）由六月二十一日到七月二十一日之間，由七月二十二日到八月三十一日之間。

（招來幸運之日）1日、2日、4日、10日、11日、13日、19日、20日、22日、25日、29日。

（招來幸運之曜日）星期日、星期一。

（招來幸運的色彩）綠色、黃色、青白色，必須避免黑色。

（招來幸運的寶石）珍珠、月長石。

結婚的對方——此數之人，應選擇2日、11日、20日、29日出生之人則有萬事如意之暗示。

四、健康運

容易患精神病，特別是因為環境與對人關係被神經疾病所苦惱。又此數之人在精神上、肉體上都非常敏感，這便是招致疾病的原因，此外也是容易患得腸胃疾病與皮膚病。

注意健康的月份，一月、二月、七月、八月等四個月。綜觀一生，在十歲、十六歲、二十五歲、三十四歲、四十三歲、五十二歲、六十一歲是健康變化之年。

為保持身體健康，應用下列的食品與藥用植物：萵苣、包心菜、木耳、洋蔥、蘋果、葡萄、棗等。

五、性慾問題

7數所示的特性是神秘、空想、孤獨，對於戀愛和兩性問題的表現，則多如電影、小說中所出現的戀愛方式，性的問題男性、女性都非常強烈。

此數出生的人，以為人的生來是為了愛情，因此此數的戀愛是非常的感情的，往往生出來強惡的異性關係。

男性、女性都是以對方的個性的魅力、特異的才能、孤獨的寂寞等等為感受的條件。由戀愛的關係向性的關係發展的機會很多，而不是光明豪華的結合。

女性都有性的敏感，頗受男性的愛慕。

大致說來，好多秘戀，由精神的結合，趣味的一致而陷入於性的關係。但是必須注意的是不可縱性和獨善其身的孤獨。

戀愛必須要有對象，而要使對象捲入我的情調的迷度，結果不免是一場悲戀。但是此數的人，多以悲戀為樂趣，因此往往自己打碎自己的愛情，而嘗試著悲戀的苦酒。

然而一到了結婚之後，則變成一個安靜的家庭生活，而能過得幸福的人生。雖然是不太光明，但如尊重個性與人格，則必能得到賢淑的美滿婚姻生活。

第八節　8數生人冷靜陰沉

8數的象徵是土星，有「冷靜、執著、陰性」的暗示。

凡每月8日、17日、26日生的人，不論年、月、時，即依本節判斷之，唯在十二月二十六日、一月八日、一月十七日、一月二十六日、二月八日、二月十七日、二月二十六日出生的人，比較其他月、日出生的人，8數所表現的消極、秘密、執著和忍耐等等的暗示特強，所以吉凶兩種作用也較大。

一、性格

對事物判斷冷靜，對於自己的意見不合，也是持安靜而沉默的態度。

這冷靜、沉默在一生之中容易招人誤解。本來此數出生的人是陰性，而又冷靜、沉默，所以被人看成怪物，第一個印象很容易使人起不良的感覺。但冷靜、沉默是其長處。

又此數之人多具有秘密性。在性格行動之面是陰性。要是女性還沒有多大影響，而男性則在社會生活上要起相當的作用。對事物的思考和行動，在消極的陰性的反面，則是富有堅忍不拔沉著應付的精神，無論遭遇到怎樣的逆境和如何的失敗，也仍然具有強固的底力和執著心以圖恢復原狀。8數生的人是有極端起伏之中過著激蕩的生活的暗示，所以必須講求避免激烈的起伏生活，求得平穩無事，能幸福的度過一生的對策。凡事不可拘於一點是最要緊的，因為此數出生的人執著心很強，凡事要貫徹自己的思想到最後，於是便招致了破綻。其次是變消極性的固執，而為積極性的革新。不執著於一點，漸次向新的方面構想，採積極的行動才有成功的希望。

生活必須開朗快活，陰性之而是招致運勢相當損失之面。

二、財運與職業

可能是離奇不遇的一生。此數之人沒有中間路線，多偏於極端，或者是失敗。而處於中間的則暗示著是平凡的人生。得時、得地，則可以有龍飛於天的盛大運勢，一旦勢不得其所，則如水中的蚯蚓，過著悲慘難耐的生活。

男性的場合——具有冷靜陰性的特徵，其內心底力之強非一般人可比，一旦決心則以強固的個性與狂信的執著心，進行到最後。

如果工作的得當，則可成名於天下，獲得大的成功，如果稍有不穩，則以極大之決心，排除困難，不顧反對與人情，一切感情、友誼均置之於度外，以殘忍、冷酷手段以臨事，於是容易引起問題。

而此數失敗的悲慘，也是非常之大的，有時將陷於不能再起的絕望境地。

大致說來，這是因為具有野心，為了達到目的，而對事物做犧牲行動，遭逢大的悲慘、損失與屈辱。

此數本質的運勢很強，如能得時、得地、得人才的場合，則其工作事業的發展是很大的。總括名聲、地位與金錢三者於一身，居於高位去指導許多的人。

女性的場合——具有稍微不同的運勢，有極度高位富貴之女性，有一生波瀾很多的女性和不苦不勞的女性。其中將是哪一種生涯，則要依戀愛、結婚來做決定。大致說來女性的結婚運是很重要的，因此對於結婚的對象與時期均應十分注意。

☆**適當職業**——此數適合投機事業、自由職業。與他數有固定職業者不同，而成功率也很大，適當職業與事業成功，完全是兩回事情。此數是不適合固定職業。

三、幸運事物

（招來幸運之數）4、8、13、17。

（招來幸運之月）由十二月二十一日到一月二十六日之間，由一月二十七日到二月二十六日之間。

（招來幸運之日）八日、十七日、二十六日。

（招來幸運之曜日）星期六、星期日、星期一。

（招來幸運的色彩）灰色、紫色、黑色。

（招來幸運的寶石）紫水晶、碧玉（藍寶石）、珍珠。

8數之人，因對結婚與家庭有問題，所以應當選擇「1、3、6數」之人——即是1日、3日、4日、10日、12日、15日、21日、24日、3日出生之人相結合為適宜。

四、健康運

容易患肝臟系統的疾病。如肝臟炎、膽結石、腹膜炎，又如排泄器官的疾病，如頭痛、血液病、糖尿病等亦需注意。

大體此數出生的人，血液循環關係，應特加注意。血液一呈酸性，便避食動物之肉與油脂之類，應當採用植物性的食品。

應當注意健康之月，十二月、一月、七月等三個月。綜觀一生，在八歲、十七歲、二十六歲、三十五歲、四十四歲、五十三歲、六十二歲，是健康上有變化之年。

為了保持身體健康，應當應用下列的食品與藥用植物：菠菜、胡蘿蔔、木耳、堇菜、蘆筍及一切水果等。

五、性慾問題

此數出生的人的戀愛與他的運勢相同，是非常奇怪而又不遂的異性愛。

第一是與年齡相差很遠的異性結緣。第二是對方的性格有特異之點，困惑其魅力而結合，這是說此數的男性如此的情形較多而女性則較少。

女性的場合——有母性愛的戀愛多與年齡低下的男性，生活能力不強的男性，氣質軟弱的男性結緣，其中也有發生同性戀愛關係的女性。

性格與運勢，大都是個性很強，偏於極端，對於異性問題，也是如此。

男性與女性，都是極端以自我為中心，不尊重對方，一切均由自己的趣味之點出發，與異性結合，也是如此的想法。因此男女彼此多有秘密接觸，只於性的結合之心，所以分離的也很快，多半是在達到結婚程度之前，即告終了。性格冷酷，一遇稍有傷損立即發生崩潰。

結婚後也是同樣的脆弱，很少能夠維持家庭和平生活和溫暖的夫婦之愛。

但此數之特長是有執著性，有的是不採離婚的形式，彼此遵守個人生活秘密，在冷靜的氣氛中過著夫婦的生活。

第九節　9數生人勇壯鬥志

9數的象徵是火星。有「勇氣、鬥爭、破壞」等等暗示。

凡9日、8日、27日生人，不論年、月、時，即依本節判斷之，唯在三月二十七日、四月十八日、十月二十七日、十一月九日、十一月十八日、十一月二十七日出生的人，此數暗示進取、正義、支配、衝動、好鬥力強等吉凶之兩作用較大。

一、性格

非常衝動好怒，有時又忘怒而容易熱情的過激的典型。

具有一切事不以自己的感情為中心便不感興趣的氣質。因此，好爭吵打鬥，任性橫暴，此數出生之人多做破壞者。

在此反面，也多有長處，如具有勇敢的勇氣，對事物的熱心，獨立心強，富於向上，是有實行力的行動家。機動敏捷，進退磊落，性格光明，氣性偉大，不拘小節，多受人敬愛。

男性的場合——開朗磊落，不居人上則心有不甘。女性則任何時間都不對男性喁喁談情，氣性剛強執拗，性格、行動都很明朗。

男性、女性都是熱情的，以自我為中心主義去行動，對事物抱攻擊的態度，在社交上常常發生問題。

長處與短處完全是表裏一體的。因改變短處，反而使長處也成了負號。最好是在發展長處的同時要抑壓著短處，乃是正當開運成功的方法。但是對9數出生的人是非常的困難。

比方說，抑壓它的過敏的氣性，便把旺盛的進取心給壓制了，壓制了鬥爭的性格，便把發展的意念也給壓制了。

第一是謹慎有過激的言語、動作。充分尊重對方的意見，才可以使你的意見為對方所採納，其次是不可製造敵人。謹慎言語，不要只是辯理。9數出生之人所持的理論都是堂堂正正的，有時給予對方難堪，這世界僅只有理論是行不通的。

其次是沒有好的部下和協力者是不容易成功的，單憑自己的力量，也就沒有多大的作為。不要只為自己的利益打算，應當顧及到他人的立場，不如此便不能有協力的人。9數的人的能力與他人不同，所以要充分考慮對方的立場。

如此能夠和氣溫厚的交際，有好的部下和友人幫助，乃是直接的處世成功之本。

二、財運與職業

此數出生之人，可以說是人間的鬥士，具有一生在爭鬥中生活的傾向。所謂爭鬥也是大的行動，是在事業上社會上爭鬥之意。

此數具有強固的意志與決斷力。依其勇氣與獨立心，常具有支配他人而發展的強烈運勢，特別是在青年時代，這種傾向很強，因此此數之人能有位於多人之上，支配他人，名聲上亦有相當高的運勢。

有由無生有的天才才能和激動的熱情，在行動上洋溢著逞雄的企圖，能以獲致相當的成果。有時也會失敗，但有再興的強力與獨立向上之心。

在此強力運勢之反對方面樹立敵人亦多，往往造成事業工作上的負號。有時要受到敵人的最大打擊，互起爭端而招致失敗。這些都由爭鬥的處世之術而引起的。能有立身處世的機緣，但因敵人過多，容易失腳，連勢的波瀾很大，特別是在經濟上的出入變化很大。對物質運來說不算是很有恩惠。

事業和工作多在人的關係上失敗。無論是被他人使用，或是使用他人，結果都是相同。因為氣性激烈，行動積極，在使用方面或被使用方面，都不堪忍受，因此雙方必將發生爭鬥。所以9數生的人，在被人使役的時候，要壓一壓情感，使役人的時候，要配合對方的步調，不要只由自己一方面來行動。

☆**適當職業**——獨立的買賣商業及其他任何事業都能適合。要知，在競爭激烈的世界，在任何部門都能按自己的思想去發展，只是被人使役的時候，必須要壓抑著自己。

三、幸運事物

（招來幸運之數）3、6、9。

（招來幸運之月）由三月二十一日到四月二十六日之間，由十月二十一日到十一月二十七日之間。

（招來幸運之日）3日、6日、12日、15日、21日、24日、30日。

（招來幸運之曜日）星期二、星期五、星期六。

（招來幸運的色彩）淡紅色、赤色、大紅色。

（招來幸運的寶石）石榴石、貓兒眼（紅玉）。

結婚的對方是「3、6、9的數」——即是3日、6日、9日、12日、15日、18日、21日、24日、27日、30日出生的人是有很好的家庭的暗示。

四、健康運

容易患熱性的疾病，又對心臟病需要注意。

在健康上應注意之月份，四月、五月、十月、十一月等四個月。綜觀一生，九歲、十八歲、二十七歲、三十六歲、四十五歲、六十三歲是健康上變化之年。

為了保持身體健康，應當食用下列的食品和藥用植物：胡椒、生薑、芥籽、韭菜、大蒜、蔥等。此數出生的人，須避免吃油漬之物和酒精類。

五、性慾問題

此數出生之人的戀愛，男性與女性都差不多。大都是把自己的情感任意的在表面發洩，對對方異性衝撞和對方的情緒都不顧及，只是自己單方面的強壓式的戀愛。

因為非常的熱情，戀愛的形態，是純感情的，簡直就像一團烈火。對對方的微妙的情感和人格性等等，均不去考慮，終於使對方向之以背而不成功。

另一個短處是只管情熱一端的戀愛，容易高熱，也容易驟冷。這種傾向，特別是女性表現的特強。大致說來對戀愛問題男性是充滿浮氣，女性是易生厭。

男性、女性雙方如都是9數，那不久便立即分離，並且容易發生三角關係。

大致說來，此數出生的男女戀愛，非正式結婚而同居的很多。

巧妙的是結婚之後夫妻雖然時常發生爭吵，但是離婚的比率很小，大多能夠建立明朗幸福的家庭。

第六章
命運吉凶占斷

名諺曰：「數盡則命亡。」可見人類自古以來皆相信「果報」及「定數」，故人生際遇不可「強」求，強求雖見一時之「得」，卻損命運之「數」，不可不以為戒也。

占數術之精華，在於推測人生命運吉凶，其方法反意義相當於我國之「子平」、「紫微斗數」等類之推命術。

前一章之「生日占數術」，僅為淺易粗略的吉凶占斷，相當於我國一些比較簡易的「十二生肖斷命法」等類而已，一旦要推測人生命運，仍然必須採用人之生年、月、日、時，凡有所差，則占斷的準驗性降低也。

凡占數術之命運數法，所使用年、月、日、時俱採陽曆計算，但由於生時在以前比較困難確定，所以大多只採用年、月、日計數而已。

第一節 命運數概說

在我們的一生之中的種種事象都與數相關聯，這數即叫做命運數。

我們在一生之中必定要遭遇到幾次重大事件。其中有吉有凶，有喜有悲。舉凡人生必有三次的機會際遇。

古人發現以年、月、日加計而成的基本「單數」，神秘的與其本人一生中的經歷事件的發生期日有無法解釋的關聯，因此特別稱呼年、月、日數字和的「單數」為「命運數」。

現在舉出一個有名的預測命運變化之年的占數判斷的例子。那就是英國大政治家格拉德斯頓。他的出生日是一八〇九年十二月二十九日1+8+9+1+2+2+9=32=3+2=5。

這5數即是他的命運數，即是他被這「5」數所支配。

按他的經歷來看，最初當選為國家議員是一八三二年。（1+8+3+2=14=1+4=5）仍然是5數，他的年齡是二十三歲（2+3=5）仍然是一併排的5數。彼時他得的票數是八八七票（8+8+7=23=2+3=5）。

他在最初博得聲名的演說是五十分鐘（5+0=5）。他敬愛的母親逝世是二十三日（2+3=5）。後來他做了財政部長和殖民部長的時候，也是二十三日的5數。他最後死亡的日期是一八九八年五月十九日（1+8+9+8+5+1+9=41=4+1=5）也是5數。

現在另舉一殺人事件與數的關係：

這是一個著名的殺妻犯人的例子。他生於一八六二年，合計是8數。1月26日出生也是8數。他妻子在1月31日和他在一起吃最後一次的飯，這是4數。8與4是關聯之數，後來妻的行蹤不明。警方開始偵查是7月8日，發現死者屍體是7月13日，都是4與8關聯的日數。

他在逃亡時使用化名BOBINSON合計也是8數。他所乘的船名MONFROSE合計也是8數，當船到加拿大，他即被捕是7用31日，是4數，裁判終了是10月22日，是4數。宣判死刑執行日期是23日是5數，這一事件除了5數之外都是8與4的關係。

由此二例做為參考，您的命運之數，可以就您的一生所經歷之數來確定一下，可以做為明日生活向上的借鏡。

第二節　命運數的計算方法

命運數的計算，是用陽曆的生年、生月、生日三者之數的數字和的基本單數來決定判斷。

此一命運數之計算方法，相信不必贅為說明，讀者皆已了然，但以此為西洋占數術，所以凡生年不以陽曆者，必須改變為公元計算。

例如：

被《斗數辨證》「誚」譽為「抄書大師」堃元者，生於民國32年1月6日。

民國32年相當於公元一九四三年。

1943年1月6日……1+9+4+3+1+6=24=6

「6」數就是堃元此人的命運數。

試看「堃元」筆名計15劃，相當於6。

其使用電話（〇四）二七八一三五一，不計區域號碼時，二七八一三五一數字和二十七，相當於9，與6有關聯。

傳說其一生夢寐於寫作，每每半途而廢，寫作命理書籍時亦屢遭退稿，直到一九八三年才完成《紫微鏡銓》及《斗數玄關》二書，考其年一九八三年為「單數」3，《紫微鏡銓》之總筆劃五十七亦單數3，《斗數玄關》之總筆劃四十二為單數6。循此數者以觀，堃元生於六日，命運數為6數，招致幸運數為6、15、24及3、9之相關聯數字，似乎可以附會於命運數之神奇也。

第三節　行運數

所謂行運數，即是應用前述「命運數」以為計算未來命運發生變化的一種判斷數據，此一數據即稱「行運數」。

「行運數」之最初以生年數加命運數，基本單數為小變化之年，稱為「小運」，數據複數為大變化之年，稱為「大運」，以為逐一堆計而為次一大、小運。

凡大、小運之年數與本人生日調合者為吉，與本人生日不調合者為凶，其小運之吉凶影響較小，大運之吉凶影響較大。

命運的行運數是以陽曆的年號為基礎，其計算法如下：

①先算出正確的出生年、月、日，年號用陽曆紀元。

②把它全部加起來，改成一位數。即是命運數。

③在陽曆的出生年號上加上命運數，得出來的數，就是命運行運數的第一運，即是在出生年號之後的第一回變化。第一回的命運行運數多半是在幼年，沒有什麼大的變化，然後再看第二回的命運行運數的變化。

④其次把第一回的行運數全部加出來的數（兩位數）再加到第一回行運數上，這加出來的數便是命運行運數的第二運。即是在這個數的年號上發生第二回的變化。

⑤依同樣的方法可以計算出第三回、第四回的命運行運數。

⑥這是知道大變化之年的方法，是命運行運數的大運。如果想要知道小的變化之年，是把第一回的行運數全部加出來的數，改變成一位數，加入到第一回的行運數。加出來的數是小變化之年，叫做命運行運數的小運。

以後都依據類推，變成一位數加入後即成為小運的變化。

【例題一】

如民國三十四年十一月十八日出生之人。

①生年是陽曆一九四五年十一月十八日生。

②把它全部加起來是3數的命運數。

③把這「3」數加在生年一九四五年上，就是第一回的命運行運之年。即是一九四八年，三歲之年。

$$\begin{array}{r} 1945 \\ +\quad 3 \\ \hline 1948 \end{array}$$

按：第一行運，大、小運俱於此三歲之年發生變化。

④其次小的變化之年（小運）是一九五二年（民國四十一年），其次的變化是一九六〇年（民國四十九年）。

小　運

1945
＋　3
———
1948＝22＝4
＋　4
———
1952＝17＝8
＋　8
———
1960＝16＝7

⑤綜觀一生的大變化之年（大運）是一九七〇年（民國五十九年），其次的變化是一九八七年（民國七十六年）。

大　運

生年　1945
＋　3
———
1運　1948＝22
＋　22
———
2運　1970＝17
＋　17
———
3運　1987＝25

【例題二】

如堃元生於民國三十二年一月六日。

①1943年1月6日……24=6

②「6」是堃元之命運數。

③生年數加命運數為起運之年齡，換句話說，命運數即為行運數之第一起運年齡。

1943+6=1949=23……5

④其次小運為1949+5歲之年，又其次之小運為1955，又次為1957，又次為1961、1969，1976……。

⑤與小運之計算同時，但採取複數分開來計算大運。

一九四九年六歲為第一大運，其次大運為一九七二年，其次為一九九一年……。

生　年　1943
命運數 ＋　6

1運　1949＝23
＋　23

2運　1972＝19
＋　19

3運　1991＝20
＋　20

4運　2011

綜之上舉二例，大、小運對於我們仍然很糊塗，因此筆者推敲前述單複數「數靈吉凶的暗示」而為忖臆之補充說明：

一、大運為複數之遞演，象徵人生觀、性格、精神之大變化，換句話說，表示人生之生命生理期。

1、第一大運前代表童年。

2、第一大運後至第二大運前，代表早年時期。

3、第二大運後至第三大運前，代表中年時期。

4、第三大運後至第四大運前，代表晚年時期。

一般古代平均年齡，大多於此運結束，所以古人創占數術認為人生必有三次的機會際遇即指此。

5、第四次大運以後，代表老年時期。

二、小運為單數之遞演，象徵經濟物質生活之小變化，換句話說，經濟生活越穩定者，其小運之行運數大，生活坎坷顛沛者，其小運之行運數小。

三、行運之吉凶判斷，可以參考後述「數占相對組合的吉凶暗示」以為研判之。

第七章
數占吉凶占卜法

前面約略介紹生日數占及生命行運，但這並不是涵蓋數占的全部。

因為我們在日常生活當中，往往會遭遇到不能單獨解決的問題而困擾，這些困擾即使找人談論商量，有時候也找不出一個解決問題的答案與方法，那麼大概就可以用此「數占吉凶占卜法」來判斷參考了。

此一方法與我國「易占」的理旨及方法非常接近，凡是能夠解決的問題，或者找到別人可以謀求解決的問題，我們即使不使用此一數占卜法，反之，小有疑惑不解之際，又礙難尋找別人洽商的情形下，我們不妨藉此一占卜法之判斷以為參考判斷之。

第一節　占上的計算方法

占卜法的計數，著重於發生問題的時間，一般皆以占卜的時間為計數，此一意識相當於我國「六壬神數」及「梅花易數」取用占卜用時之方法意義。

①發生問題（煩惱、商談等等）的時間、判斷的時間和來問判斷的時間——年、月、日、時間（年號陽曆、時間二十四小時）。

②占卜人的年齡（計算歲數）。

把①②兩項數目全部加起來。

（陽曆年＋月＋日＋時間＋年齡）＝複數

把加出來的複數再改成單數（一位數），這一位數即是靈數判斷的答案，也就是吉凶的暗示之數。

【例題一】

某人來問結婚的吉凶。

◎年齡：二十三歲

◎占卜時間：民國五十六年（一九六七）牢十月三十一日，午後三時。

首先把它完全加起來看：

1967+10+31+23+15=2046

2046=2+0+4+6=12=3

由以上計算得出來「3」數。關於這個人的結婚吉凶參照後章「數之判斷法」加以判斷。又右面所得出來的數（一位數）是屬於哪一種類的數，不可不加以分辨。

【例題二】

筆者想知道「五術不求人」叢書是否暢銷：

◎年齡：四十三歲。

◎占卜時間：民國七十五年（一九八六年）八月二日凌晨四時。

1、1986+8+2+4=2000=2

2、2+43=45=9

3、因占數「9」有兩種數，而45之數屬於天理之9，因為筆者不直接銷售，且與銷售無關，想知道書籍能否暢銷，正是關心個人的聲名，查天型之9的「聲名」項下：「能得聲名，結果是為名而失利甚多。」

4、書之能得聲名，必是「暢銷」之故，但對於「為名而失利甚多者」，大概指筆者不計較稿費，或因本書而浪費太多的時間和精神吧！

5、數占的占上基數「9」，為筆者生日「6」的招致幸運數字，那麼吉凶意義就必須酌量增減研判，則前數之判斷必須把「失利甚多」酌為減少，把能得聲名酌為增加。

6、其餘之占卜俱仿此。

第二節　占上基數分類

數占占卜法之占卜基數雖然俱以單數為判斷，但是因為其占卜基數的分類未有一定之數，如1數為一種型數，不必分辨其原來之複數，但如3數有三種型數，由12而成「天型之3」，由3、30而成「人型之3」，由21而成「地型之3」……之類，所以應用數七吉凶占卜法必須注意此一數由基數意義。

基數	型數	天型	人型	地型	備考
1	一				不必區分型數
2	一				不必區分型數
3	三	由12而來	由3、30而來	由21而來	
4	一				不必區分型數
5	二	由5、50而來		由14、23、32而來	
6	二	由15、33、51而來		由6、24、42、60而來	
7	一				不必區分型數
8	三	由8、80而來	由17、35、53而來	由2、44、62而來	
9	二	由9、27、45、63而來		由18、36、54而來	

第三節 占卜吉凶參考

註：占上事項如果未刊於下列二十三種事項之內者，俱查看「希望」項下，如「取得特許沒有」，「會與私情的異性分手嗎？」

假如有相當事類，則各從其相類事項研判之，如「美展成功嗎？」、「考試如何？」之類看「聲名」。餘仿此。

一、1數的判斷法

（性格）有些高傲氣質，向上心強，有引人的魅力。

（運勢）運氣非常好，有大發展，只是做的太過，有小失敗。大的方面是成功的。

（父母）受雙親的大恩惠，與父母緣深。

（兄弟）受兄弟之敬愛，得其幫助。

（子女）有好的子女，子女並能得到聲名與地位。

（結婚）對象很好，是有地位與財產之人，結婚後有長久的福德。

（交際）有信用，不但有長久的朋友，並得有力的幫助。
（部下）非常得力並且可以信賴。
（疾病）在短時間內即可痊癒。
（財運）物質運強，有金錢收入，但需切戒浪費。
（旅行）無論大、小旅行都很愉快，且有利益。
（家屋）有不動產之緣，有依己力而成的，也有由他人而得的。
（投機）宜慎重從事，可得大利。
（投資）需經過相當時間，做有希望的投資事業。
（聲名）得大聲名。
（學藝）名、實均是第一人物。
（職業）站在競爭激烈的實業界、官吏公務人員社會中，得以發揮自己的才能。
（希望）一切希望均可達成。
（贈與）由想不到的人和想不到的方面得大贈與。

（訴訟）無論原、被告均得勝訴。

（走失）立即可以找回。

（逃走）兩三天之內可以歸來。

（等人）立刻到來。

二、2數的判斷法

（性格）善於變遷的性格，心情不安定的人。社交不能繼續長久，女性感情起伏不定，多淚、脆弱的形態。

（運勢）平凡的度過一生。在二十五歲、三十六歲、六十歲時，容易發生問題。走低調運勢之人，在此等年期發展。

（父母）緣分平常，不太得受恩蔭。

（兄弟）人數眾多，但不得力。

（子女）緣分薄弱，子女自身具有相當好運，但多遠離，不得團聚。
（結婚）夫婦婚姻尚佳，但沒有藉婚姻發展的希望。婚後生活多半勞苦。
（交際）比較受人喜好，友人運好，可得援助。
（部下）能使用多人，但沒有可信賴之人。一般是不賦予責任，如予以重要地位，容易發生危險。
（疾病）沒有大病的妨礙，只不過容易拖延時日，在患病初期，早經良醫治療，即可痊癒。
（財運）有財運，不善活用，不能持續。錢財出入進退太大，最後要為錢財所累。
（旅行）大致是吉利的。但不宜向遠方做長時日的長途跋涉，特別是向國外旅行不佳。
（家屋）無緣，在水邊可以有不動產，可向此等地方去求。
（投機）應當停止。雖然無大失敗，但亦無利可圖。
（投資）應當停止，如不謹慎，必遭失敗。又與對方有多爭執不快之事發生。

（聲名）不太高大。
（學藝）不太相近。即使研究亦無成果。
（職業）傾向於自由職業，上班族與公務員官吏，均不相近。
（希望）一半一半，所想的多半難以達到目的。
（贈與）差不多是毫無外力的幫助。
（訴訟）最好私下和解商談。
（走失）不容易找到。
（逃走）不再回來，並且也聯絡不上。
（等人）不來。

三、3數的判斷法

☆3數有三種：

◎天型的3——由12而來。

◎人型的3——由3、30而來。

◎地型的3——由21而來。

（一）▼天型的3數

（性格）富於認真、實行力之人，只是對於金錢方面執著的傾向特強，注重外表，喜好美化美食。優於智能。

（運勢）順調的發展，在十五歲、五十五歲、七十九歲有變化。

（父母）與雙親有緣，特別是受父親的恩惠。

（兄弟）關係很好，得到援助之力。

（子女）有非常好的子女。老後得力。

（結婚）婚姻如意。結婚後可依著對方的資產，享受幸福。
（交際）朋友關係很好，得到援助，多有有力的友人。
（部下）有好部下，對您忠實。
（疾病）大病得癒，只是要注意養生。
（財運）物質方面非常有望。
（旅行）旅途愉快，且有利益。
（家屋）有不動產、房屋與土地。
（投機）要不誤時期可獲巨利。
（投資）投資安全，將來有利。
（聲名）能得大聲名。
（學藝）科學方面有大成就。
（職業）實業家。
（希望）能達成希望，特別是適合金錢方面、物質方面。

（贈與）可得遺產。
（訴訟）勝利。
（走失）立即可以找到。
（逃走）受上級保護，可立即回來。
（等人）有好消息，本人可即前來。

（二）▼人型的3數

（性格）真誠、正直有才能，性格明快，具有受人尊重的魅力。
（運勢）運勢強旺，有大發展，在十二歲、五十五歲、七十九歲應加注意。
（父母）與雙親有緣，受其恩惠。
（兄弟）關係平常。其中有得力之人。
（子女）有好子女。
（結婚）婚姻美滿，但物質方面頗為勞苦。

（交際）有可信賴的友人。

（部下）沒有實力。可以使用善良、正直、勞動之人。

（疾病）重病比較少，患病時簡單可以治療。

（財運）有財運，但不易保持與增值。收入等於支出的財運。

（旅行）短期住宿之旅行可。長期旅行要等待好的日子。

（家屋）有房產，中年以後。

（投機）能得大利益。

（投資）在一處投資容易失敗，應當分散風險，做長期投資打算。

（聲名）得的不快，但能得大的聲名與地位。

（學藝）可能有一定限度之成就，並可因之而得聲名。

（職業）自由職業、小實業、商店及中小企業。

（希望）除了物質運以外，一切均適合、有望，特別是可以成就無形面的希望。

（贈與）得受人之贈與，但大部分散失。

（訴訟）形勢有利，最好不要爭訟，有中間人說和，得條件最有利之解決。
（走失）立即可以找到。
（逃走）可以回來。
（等人）可來，但恐稍遲。

（三）▼地型的3數

（性格）受萬人愛戴之人物。氣質開朗快活，心地正直。
（運勢）無上下跌宕之運氣，經過時日，自然大成。
（父母）由雙親處受得非常之恩惠。
（兄弟）有緣，得物質與精神雙方之援助。
（子女）有好子女，子女聲名洋溢。
（結婚）婚姻幸福，對方美貌而有知識。
（交際）與精神上的結合之朋友甚多。

（部下）有可信賴的部屬。

（疾病）需費時日可以痊癒。

（財運）金錢運平常，有時得到意想不到之財。

（旅行）平安無事，但需注意交通工具。

（家屋）有房產，雖然得來勉強，但久後必得大利。

（投機）不可，一旦看錯，招致損失。

（投資）不做以後的利益計算可以投資。如果希望大的利益是無希望。

（聲名）名譽、地位不太理想，但能進財。

（學藝）不太近，實業家方面，頗有興趣。

（職業）實業界生產部門工作適宜。

（希望）除了聲名和學問關係以外，沒有其他希望。

（贈與）由其他多方面接受金錢贈與，並且還有遺產收入。

（訴訟）最初是不利，最後必勝訴。

（走失）可以找到，但需費時間。

（逃走）無事平安，寄身於某處，過些時候，自然回來。

（等人）遲到，意想不到之時來到。

四、4數的判斷法

（性格）人是很好的，但態度有些不顧慮他人感受，表現高傲橫強，易受他人之誤解。

（運勢）平穩無事沒有波瀾的度過一生，只是在四十歲時候有大變化。

（父母）與雙親有緣。其中受父母之一方特別看待。

（兄弟）關係平常，時起爭論。

（子女）普通無奇。

（結婚）女性方面得與好的男性結婚，家庭甜蜜。男性方面則有問題，相當勞苦，但結婚後不至於離婚。

（交際）有好的友人，但沒有助力。

（部下）普通平常。對部下應避免過分信任與重視。並非頑劣，實是力量不夠。

（疾病）患病長久，但能治癒。男性應找女醫生，女性應找男醫生比較適宜。

（財運）進項不大，在一般收入以上。

（旅行）沒有意外，只是日期延長或轉向他處。

（家屋）有房產，房屋比土地多。

（投機）聰明的辦法是控制投機，沒有損失，但亦沒有大利。

（投資）沒有太大損失，亦無太大利潤。

（聲名）得小聲名。

（學藝）需要長期努力，有大成就。

（職業）小的職業，基層的職業有大成就。

（希望）不能完全達到，只有八分希望。

（贈與）受他人贈與，但結果不圓滿。
（訴訟）最初勝負各半，最後有利，把握時機進行和解為宜。
（走失）找不到，在忘掉的地方可以發現，但已無用。
（逃走）不能趕快回來，只能獲得聯絡。
（等人）遲到。

五、5數的判斷法

☆5數有兩極：

◎天型的5——由5、50而來。

◎地型的5——由14、23、32、41而來。

（一）▼天型的5數

（性格）有小聰明才智之人，不是機敏大才，守分盡職，沉著有膽量。

（父母）因緣平常，得精神上的恩惠。

（兄弟）良好，但不得物質上的援助。

（子女）對子女有極大之勞苦與憂慮。但在後來是能得酬報。

（結婚）是好婚姻，但彼此相互在精神上的結合相宜，生活上、物質上則相當的勞苦。

（交際）好朋友很多，但都得不到物質上的援助。

（部下）普通平常。部下運氣不好，應予優待。

（疾病）簡單可以治療，但不能完全根除，身體常感痛苦與違和。如不得良醫，則根本不能完全治癒。

（財運）有金錢財運，但不能保存。出入太多。

（旅行）旅途愉快，但只是一般行程。

（家屋）有土地、房產，但也有損失。

（投機）應當停止，最初有利，後來受損。或者反過來，最初受損，後來有利，但很難把握決定時期。
（投資）投資事業不壞，但有時容易情形曖昧，應當確實調查。
（聲名）因學問與技術關係，能顯揚聲名。
（學藝）傾向於研究學問。
（職業）適合當學者（教師）、技術家、研究家。
（希望）不能完全達成希望，可得九分。不帶有金錢、物質方面的希望，可達成百分之百。
（贈與）很少受到贈與。
（訴訟）形勢有利，但長久不決即有損失，應以和解商談為宜。
（走失）不容易找到。
（逃走）不能回來，但無生命危險在外快樂度日。
（等人）需要相當時間才來。

（二）▼地型的5數

（性格）溫和、善良、沉著的本質，有智慧、上品的風度。
（運勢）普通平常，沒有波瀾，平穩度過一生。四十一歲與五十九歲將有變化。
（父母）受雙親之恩惠，但在中途只能得父母一方面之力。
（兄弟）有緣而不得力。
（子女）子女很多，多有頭腦聰明的。
（結婚）不太理想。男性有晚婚傾向，女性多有獨身者。
（交際）交往的人很多，能夠信賴的很少。
（部下）有好的部屬，但沒有能力，不能期待。
（疾病）拖延時間才能痊癒。醫師年老的比年輕的為宜。
（財運）金錢出入太大，不能儲金。因浪費太多，所以常受經濟壓迫而煩惱。
（旅行）愉快的旅行者。
（家屋）房產無緣，現在到手的要妥善保存不可放棄。

（投機）有大利，必須注意時期。
（投資）要把目標放在將來，只看目前利益反而失望。
（聲名）能得大聲名。
（學藝）向科學方面發展。
（職業）依著智慧才能而謀生活，例如學者、醫生、科學家等等比較適宜。
（希望）能達到希望。但需用大勞苦。
（贈與）得不到贈與。
（訴訟）勝訴，其間生出複雜問題。
（走失）入於他人之手。
（逃走）受相識之人保護。
（等人）經過相當時間才來。

六、6數的判斷法

☆6數有兩極：

◎天型之6——由15、33、51而來。

◎地型之6——由6、24、42、6而來。

（一）▼天型的6數

（性格）野心非常大，而又是感情衝動的氣質。好爭鬥容易發怒。

（運勢）運勢多浮沉，青年時代連續的失敗、貧困。

（父母）緣薄，精神與物質雙方均不得受恩惠。

（兄弟）惡意之因緣。被拖累增加麻煩。

（子女）為子女非常的勞苦。

（結婚）不算太壞，但需對對方加以調查。

（交際）受許多人的包圍，反而有損，被人欺騙，招致大失敗。

（部下）過於信任，招大損失。
（疾病）一進一退狀態，雖然不至於惡化死亡，但是完全治癒，頗費時日。
（財運）因損失與浪費，財多失敗，物質運不太理想。
（旅行）費用大多，旅行無利。
（家屋）與房產無緣，雖然有了而又失去，如此機會應有兩次。
（投機）招大損害，絕對不可做。
（投資）應當停止，內中有多虛偽。
（聲名）多因無聊之事失去聲名。
（學藝）不太壞，有中途挫折暗示。
（職業）傾向於學問藝術方面。
（希望）時期不到來，把握不住機會，希望達不到。
（贈與）沒有贈與，應當到手的遺產，也因某種事情而到不了手。
（訴訟）雖然不是敗訴也和敗訴是相等，多半是因花費金錢與拖延時日所致。

（走失）找不到。

（逃走）沒有危險，不能回來，遊蕩在外。

（等人）不來，空自守株待兔。

（二）▼地型的6數

（性格）開朗，快活社交的性格，不拘小節，氣質寬宏，在其反面凡事拖延，殊非正道。但亦不能說是惡人，只是不緊張，懶散懈沓。

（運勢）頗稱順調，四十五歲有變化，如能無事過去，即一生沒有波瀾。

（父母）得受雙親的恩惠。

（兄弟）有緣，能得到援助，但頗不受歡迎，有時被人嫌，應加注意。

（子女）養育困難，但將來能盡孝養之道。

（結婚）夫妻良緣，是一見鍾情的婚姻或是由父母代為說訂的婚姻都很吉利，戀愛結婚不吉，有生離死別的可能。

（交際）有很好的朋友，能受到援助。

（部下）是正直的部屬，但才能比較小，沒有大的力量。

（疾病）長期拖延，但終能治癒。遇有年輕男醫師或女醫師，人到病院裏，很快的痊癒。

（財運）有錢財，但因浪費太大，不能儲存。

（旅行）非常喜歡旅行，有遊玩山水的傾向，對特別有目的或商務旅行，沒有利益。

（家屋）不太有緣。

（投機）無利可圖，可以停止。

（投資）沒有損失，但只有預期的一半之利。

（聲名）沒有多大聲名。

（學藝）在藝術方面成就比哲學和社會科學的成就要大。

（職業）美術設計，現代流行的種種職業（推銷代理、進出口等等）或有關藝術的職業比較適宜。

（希望）希望不大的願望，可以達成。
（贈與）可以接受數額不大的贈與。
（訴訟）需要時日才能勝訴。
（走失）需要時日才能找出。
（逃走）不能立刻歸來，但經長久時間，終必歸來。
（等人）不立刻來，比較遲慢。

七、7數的判斷法

（性格）平穩、溫和、快活的氣質，但有點拖拉，是喜好遊蕩的社交家。
（運勢）普通而順調，二十五歲時應當注意。
（父母）雙親有一位緣薄的傾向。女性不得父親歡心，男性不得母親歡心，但卻受到父母另一方面恩惠。

（兄弟）人數雖多，不得援助，但兄弟也得不到此力的援助。

（子女）普通，三人以下的場合，沒有可以依賴的子女。四人以上的場合，其中一人是非常得力的子女。

（結婚）普通，過著平凡的結婚生活。

（交際）有好朋友，但是精神上的友誼，物質援助，不可期待。

（部下）正直而沒有脾氣之人，但不是勞動之人。

（疾病）很難治癒，早期如不治療，即成為慢性病症。

（財運）有相當程度之利，但因浪費不能保持。

（旅行）平安無事，但不圓滿。如為一月以上的旅行比較適宜。

（家屋）不動產的運弱，少少的積累，可有收穫。

（投機）不得大利益。有小利可圖。

（投資）可以停止，目前無利。

（聲名）沒有太大的名譽運。向基層發展。

（學藝）向特殊的研究發展。

（職業）業務不太大。

（希望）小小的成就有希望，適合小事，比較稍大一點的事，只可期待七分。

（贈與）不太多。有時自己應當得的反而因為某些事情而得不到手。

（訴訟）要絕對避免，應停止。如繼續下去，必將敗訴。

（走失）找尋不見，即使找到也不能如原來的使用。

（逃走）不能平安歸來，聯絡斷絕，住處到處變動。

（等人）對方把事忘了不來。

八、8數的判斷法

☆8數有三種：

◎天型的8——由8、80而來。

◎人型的8——由17、35、53、71而來。

◎地型的8——由26、44、62而來。

（一）▼天型的8數

（性格）有脾氣、陰性、多疑、好動意義。

（運勢）不佳，勞苦多，煩惱不斷發生。三十七歲、四十七歲、五十歲有大變化。

（父母）與雙親有緣，為雙親而勞苦。

（兄弟）為兄弟姊妹而勞苦，常常供應費用。

（子女）人數眾多，又憂慮事。

（結婚）不太理想，發生爭執不和，婚姻不安定。

（交際）朋友來往關係雖多，但不可信賴，沒有得力之人。

（部下）沒有信賴得力之人，因部下不誠實而蒙受損害。

（疾病）要特別注意，妥善的治療。

（財運）金錢運薄弱，有時反而因金錢到手為它勞苦。
（旅行）絕對停止，否則將發生不愉快。有時身體受傷，在旅途中臥病。
（家屋）無緣。即使到手也將失去。
（投機）招致大損失，錢財失落。
（投資）應當停止，無利可圖，且易因財而起爭執。
（聲名）不要求名，如執著於聲名，便誤了本身。
（學藝）有研究心而不得成就。不必強求，可受他人之助力。
（職業）在基層做小職員不要去求高尚職業。
（希望）不適宜，假使按照希望去執行，中途也將變壞。
（贈與）接受他人贈與，反而引起爭執招致損失的結果。
（訴訟）敗訴，在不利的條件之下也要與對方和解為宜。
（走失）找不到。
（逃走）到極遠方去而不歸，聯絡不上，有死亡危險之人的逃亡，要早預先準備。

（等人）因事故發生，不能按照預定到來。

（二）▼人型的8數

（性格）慾念深，個性強，不為他人考慮的個人主義，行動粗野。
（運勢）非常壞，容易發生事故，三十四歲、四十七歲、五十歲有大災難。
（父母）緣薄，與雙親的一方早離。
（兄弟）不得力，並且因嫌厭此數之人的態度而遠避。
（子女）為子女非常的勞苦。
（結婚）婚姻不佳。金錢與精神兩方面都有勞苦。
（交際）交往人很少，沒有得力的朋友。
（部下）得不到得用的人。
（疾病）拖延歲月，症狀發作時急性激烈。
（財運）金錢、物質可以儲存。但是不被人稱讚的物質運應加檢點、注意。

（旅行）應當停止。沒有利益。在旅途引起爭吵與不愉快的事件。
（家屋）有房產。能因不動產而得大利。
（投機）招致大損失。
（投資）如果注意發生爭執，可得莫大之利。
（聲名）名譽不一，招致他人壞的批評。
（學藝）對特殊的研究有所成就。
（職業）可做大企業中之一員的工作。
（希望）多不如意，只是有關金錢的希望，可以達到相當程度。
（贈與）除不動產以外不能有所期待，但對不動產也會有爭執發生。
（訴訟）敗訴，務必早行和談結束。
（走失）找不到。
（逃走）目前難以歸來，在前途也是非常勞苦。
（等人）不來。

（三）▼地型的8數

（性格）消極的陰性形態之人。沒有責任感，隨便任意行動。

（運勢）非常壞，連續失敗。三十七歲、四十七歲、五十七歲是特別危險之年。

（父母）緣薄，不能受到恩惠。

（兄弟）關係惡劣，不相來往。

（子女）緣薄，勞苦。

（結婚）感情不融洽，冷淡的夫妻。

（交際）不相交往，即使交往，亦非志同道合。

（部下）不能得到好的部屬。部屬彼此互相反目。

（疾病）重病危險，應當充分注意，輕病拖延時日。

（財運）敗散不聚，有貧無一文的危險。

（旅行）只有浪費金錢，無利可圖，亦無趣味。

（家屋）可以有小房屋。有大房產，立即失去。

（投機）應當停止，不然便完全化為烏有。
（投資）不但無利，反招損失。
（聲名）與名譽不太有緣。
（學藝）除了特殊的研究以外，沒有成就。
（職業）有關土地的職業，不太活動的職業。
（希望）與原意不相合。
（贈與）無緣。
（訴訟）多費金錢，結果敗訴。
（走失）找不到。
（逃走）長期間聯絡不上，不能歸來。
（等人）忘記前來。

九、9數的判斷法

☆9數有兩極：

◎天型的9——由9、27、45、63而來。

◎地型的9——由18、36、54而來。

(一)▼天型的9數

(性格)性急、頑固、善於動腦筋。

(運勢)平常，時時有波瀾發生。四十六歲、六十歲有變化。

(父母)雙親有緣，得受恩惠。

(兄弟)有緣，但不能受得物質的援助。

(子女)幼年有麻煩，將來很好。

(結婚)不太圓滿，任著自己的意思而不尊重對方。

(交際)有朋友，易起爭端，招致損失。

（部下）因為過於信任部屬，有反覆不斷的損失傾向。
（疾病）早日著手治療，可以痊癒，發熱的疾病，要長期的拖延。
（財運）金錢的出入激烈，消費過大，為錢財而勞苦。
（旅行）有日數延長的傾向。快樂的度過。
（家屋）不太有緣。最好是在青年時代到手，注意不要失去。
（投機）有損失應予停止。
（投資）不能有目前的利益，積年累月才有希望。
（聲名）能得聲名，結果是為名而失利甚多。
（學藝）不去考慮研究與其他的收入，是能有相當的成果。物質的利益，不能期待。
（職業）不執著於金錢的職業。例如醫生、學者等等。
（希望）有六分希望，以外不合。特別是在金錢方面，沒有希望。
（贈與）沒有緣分。
（走失）找不出來。

（逃走）不歸，但能有聯絡。

（等人）忘記前來，向別的路上去了。

（二）▼地型的9數

（性格）不沉著，性急暴躁，動輒爭吵使人厭煩。

（運勢）運勢上翻騰變動很大，在三十三歲、五十三歲發生凶事。

（父母）與雙親有緣。但使父母受累，剋父母。

（兄弟）發生爭吵糾紛關係。

（子女）無緣。有子女的場合，為子女而勞苦。

（結婚）有容易變動的傾向。

（交際）朋友很多，但不斷的發生爭執。

（部下）如不加留心，則在部屬中出現惡人，有反抗的意圖。

（疾病）要十分注意，特別是長期臥病在床之人，重病和受傷的人都有危險。

（財運）有相當的進項，但又開銷出去。

（旅行）絕對要停止，在中途發生事故有危險。
（家屋）無緣。得到也要失去。
（投機）應當停止，有大損失。
（投資）外表看是情形良好，實際有爭執的危險。
（聲名）惡的聲名中，應需注意。
（學藝）不適合。
（職業）有說了就做的活動力量，性情傾向於固定型的工作。
（希望）不適合。如果強制的壓抑，反而招致了大損失。
（贈與）全然沒有。
（訴訟）長期不決，沒有勝訴可能。
（走失）找不到。
（逃走）不歸，有死亡的危險之人，應十分注意。
（等人）不來。

第八章 數占相對組合的吉凶暗示

數占以占卜用時或發生問題之真正時間為依據，但此一時間可能發生許多事件，並不明確表示與占卜之本人發生密切之關聯，因此產生了相對組合的觀念，盡量使其相對之數據，透過占卜用時而發生關聯意義。

在前一章「數占吉凶占卜法」，我們以占卜年、月、日、時之數字加上占卜人之年齡（實歲年齡）而成趨吉避凶的數據，一般術名稱為「靈數」，觀察判斷本身的作為、對策、對待態度，稱為「靈數判斷」。

然則，「靈數判斷」傾向主體性、主觀性之吉凶判斷，還缺乏相對客觀的吉凶判斷，於是另取組織相對的方法而成為相對的占卜數據與方法，我們稱為「占數」或「占數判斷」。

「占數判斷」與我們前述基本單數用九的方法有一最大的不同，相傳古代羅馬人相信「9」數為天地神數，不可以侵瀆，因此在占數判斷中，不是九九八十一之相對，而是八八六十四之相對，非常驚訝的與我國先、後天八卦序數的說法接近。

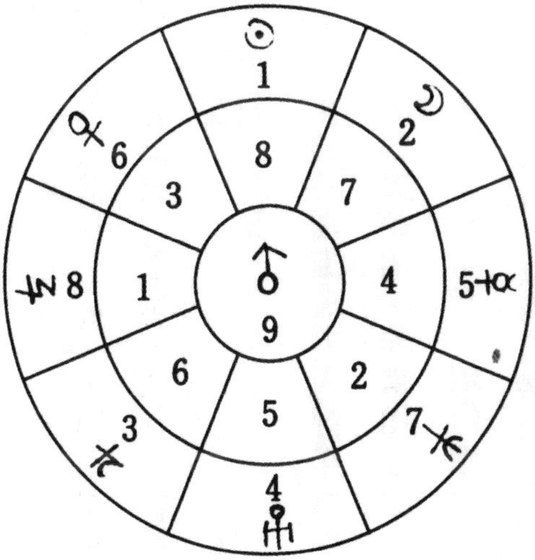

我國八卦次序數說，先天用八，乾一、兌二、離三、震四、巽五、坎六、艮七、坤八：後天用九，一坎、二坤、三震、四巽、五中、六乾、七兌、八艮、九離。假定二者相通，則占數判斷為「先天性之吉凶」，靈數判斷為「後天性之吉凶」矣！

第一節　占數計算使用的方法

占數最重占卜之年、月、日、時，前述以占卜年、月、日、時加上占卜人行年而以為「靈數」之數占，現在要談論的則是「占數」的計算使用，非常相近於「靈數」之計算使用，以便針對「靈數」數占的吉凶，有一自我立場的相對待對策：心態及作為處理，所以「靈數」以象徵吉凶，「占數」以用趨避也。

「占數」計算，取占卜之年、月、日、時，如生日之數而以「上數」，如姓名之數為「下數」，因捨「9」用「8」，上下之數相對，與我國之「易占六十四卦」之意義相當，凡超過八數之九，即又復歸於一計算。

第二節　占數相對之計算

一、計算方法

以出生日數和姓名為基礎，按下列方法加以組織。

①由占卜的本人生日找出出生日數（一位基本數）。

②由占卜的本人姓名找出姓名數（由字母做成一位數）。

③將占卜時的年、月、日（年號陽曆）、時（二十四小時）數之全部加起來。

☆上數：將①之出生日數加到③上，然後改寫成一位數。

☆下數：將②之姓名數加到③上改寫成一位數。

於是做出上數與下數，即可以根據而判斷吉凶。

二、例題

【例題一】

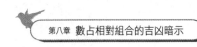

①出生日：25日。

②占卜人：男性，山田春夫。

③占卜時：民國五十六（陽曆一九六七）年十月十八日午後三時。

此一占卜，先將出生日數和姓名數加在一起。

◎25日：2+5=7——出生之日數。

◎姓名：YAMADAHARUO（11414151267）=33=3+3=6——姓名數。

☆上數：1967+10+18+15+7=2017

2017=2+1+7=10=1

☆下數：1967+10+18+15+6=2016

2016=2+1+6=9

由右式的計算。

成為「1——9」的數的組織，因此人是男性。下數9做為1，即成為「1——1」的數的組織。有關「1——1」的暗示，可參看「占數的組合相對數的暗示」之項。

【例題二】

①出生日：16日。

②占卜人：女性，春野咲子。

③占卜時：民國五十六（陽曆一九六七）年十一月二十六日午前十一時。

◎16日：1+6=7——出生日之數。

◎姓名：HARUNOSAKIKO（512657312127）=42=4+2=6——姓名數。

☆上數：1967+11+26+7=2022=2+2+2=6

☆下數：1967+11+26+11+6=2021=2+2+1=5成為「6——5」的組織數。

【例題三】

①出生日：6日。

②占卜人：男性，水銀。

③占卜時間：民國七十五年（一九八六）年八月四日二十時。

④生日數加占卜時數以為「上數」：

1986+8+4+20+6=2024=2+0+2+4=8

⑤姓名數原以羅馬拼音化為數據為原則，但不妨酌改為姓名總筆劃數為試驗，如「水銀」為4+14=18=1+8=9

⑥凡生日數或姓名數得9，還不必改為「9-8=1」，必須是加占卜時數得9者，才做數占相對組合用八的調適。

⑦姓名數＋占上時間以為「下數」：

1986+8+4+20+9=2027=2+0+2+7=11=1+1=2

☆結果「8——2」，即依後述暗示以為判斷參考：「此數的組合，有『盼望、前進』的數意……」

☆凡「靈數」之占而與「占數」判斷配合運用，其餘俱仿此推。

第三節　占數的組合相對數的暗示

一、占數1的組合相對數的暗示意義

▼1——1數

此數的組合，有「健康」的數意。（數的暗示）

- 因為它是過強數的組合，對一年輕的男女來說，過強則是凶數。對老人、學者、文化人來說則是吉數。
- 對一般人來說是有疾病、盜難、失敗的災厄。
- 對一般人來說，占得這一組合之數，過進則招致大失敗，驕傲則將受災厄。
- 一切有故障，凡事迷惘、躊躇、不順利。
- 承受他人的災禍，應當注意。
- 此數的組合，是有大希望之暗示，現在是非常困難之時。
- 對一切事沒有明確的方針，內容亦不齊備，多勞而無成果。

・對一切事要退後一步，守著以前的狀態乃是最好的對策。
・一切不平穩，有破綻，有憂苦，一切不到時間。

▼1—2數

此數的組合有「適可而止」的數意。
・開始不順利，漸入佳境。不要抱著與身分不相符的希望與思想。
・有禮義之心，有進取之意。大體上在開始的時候有意外發生，後來便入佳境。
・性格溫文之人是吉利的。行動橫暴的人要有災禍。
・無論前進後退，不可拘執於守舊。在前進的場合，最好是隨著他人，自己領先要受損失。
・與在上面的高位之人結合關係之數。
・有模仿他人之意。
・有戀慕他人之意。

▼1—3數

此數的組合，有「與人相親，與人相同」之數意。

- 因有與多人相親之意，一切順利的進行。
- 對於社會的工作順利的進行，對私人的事務，不太順利。
- 自我本位的人，受他人的嫉妒而失敗。溫和的人得他人的援助而成功。
- 採納他人的意見，順從他人而行，得大利益。
- 急躁必有失敗。
- 與多人相親，有深情的數意。
- 無論好事、壞事都要受他人的注意與種種的批評。
- 男性是有立身超群、嶄露頭角的數意。
- 女性是有良緣的暗示。

1—4數

・此數的組合有「災禍即天理」的數意。
・事物被包藏在內裏，不能立刻達成希望。
・一切事容易不成功，並且招來意想不到的災禍。
・無論是吉凶都容易引起突發的事故，應當加以注意。
・不能符合自己的思想。如果不顧而強行進行，反而招出障害。
・因為種種的迷惘而有了失敗。
・捲入到不合理的訴訟之中，傷財而又勞苦。
・多因身分不相符之事而容易受害。

1—5數

此數的組合，有「遭遇、爭鬥」的數意。
・有一切小事吉利、大事凶的數意。

・有苦於爭執之事的數意。
・有由有地位之人受到提拔的數意。
・在思想未能集中之時行動，事物毫無頭緒，有離散之意。
・有人們集合之意。
・商量事情，要依多人的意見比較相宜。
・抱著與身分不相符的希望，反而招致失敗。
・一切事在開始的時候很好，終了的時候很壞。
・有意想不到的吉事，但這給後來產生不良後果埋下種子，一時在外觀上歡喜，將來要有苦吃。
・男性的場合，因為女性問題容易招致錯誤。

▼1——6數

此數的組合，有「強迫、告訴、爭執」的數意。

・道理不通，苦難重重，注意輕率的舉動。
・工作非常辛苦，一切不如理想的進行。
・受他人之懷疑與妨害，使事物不得圓滿。
・小事不加慎重，便有人的破綻。
・容易發生爭執之運。
・一切等待的暗示之數。

▼1—7數

此數的組合有「隱藏、逃遁、隨從」的數意。
・一切沒有成就，徒勞而無功之運。受到意想不到的災禍的煩惱。
・一切以退守為佳，前進招致失敗。
・被一切做為纏縛著不安，使身心疲憊。
・行動謹慎，沉著為宜。

・有斷絕一切之數意。
・受他人的悲難甚多。

▼1—8數

此數的組合有「阻塞」之數意。
・是有關一切事物，最初很壞，後來變好的數意，但距離好還有一段相當的時間，所以凡事不能操之過急。能夠慎重從事，最後的結果良好。
・凡事慢慢的做，時間到了自然吉利。急則生變成凶。
・與他人意見不合，有反目相對的苦惱，到後來可以打開困路。
・外表上是得到他方面的助力，但這力量也是有限而不足，有時反而反目成為反作用的結果，是有始凶終吉的數意。

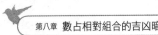

二、占數2的組合相對數的暗示意義

▼2——1數

此數的組合有「決斷、分離、破壞」的數意。

- 因為是一個非常強數的組合，對事物操之過急，容易產生破綻的結果。
- 有一切破散之意。
- 過強而又輕率的行動，容易招到大的失敗。
- 在各種觀點上，一步失足，是即有破財的數意。
- 談論他人是非，招致怨恨，受到損害。
- 有受傷、手術等血光之數意，行動應當十分注意。
- 女性被男性過於看重，容易發生問題。
- 金錢問題有困擾。
- 自己有排斥他人前進之意。
- 常被文書和印鑑問題引起擔心。

・事物到最後之時容易發生問題。

▼2—2數

此數的組合有「歡悅」的數意。

・小事的希望有所成就。大事尚不到時期，不能就緒。
・是不決斷的困惑之時。
・對一般人來說是吉數。有金錢與愛情之喜事。
・有喜事但不緊湊，外觀很好，內裏有配合不上之怨懟。
・安內，公司內部，浪費多，閒散人多。
・求他人幫助可以成功。
・是男女間有煩惱的數意。
・能尋求好朋友，請求援助，事業可以展開。
・身心均很勞苦，然後才能得到喜慶。

・在藝術和文藝的精神面是有好的數意。
・眼前沒有利益，只有工作。
・事物有變動之時。
・容易發生口角。
・在男性問題上容易發生錯亂。
・注意受傷。

▼2──3數

此數的組合有「改變、變化、開始」的數意。
・是一切事物發生改革的時候，捨棄以前舊有的，而改做新的。
・在小的目的事務，積極去做，可以成就，大的事情要費時間，不要焦急，慢慢的去做。
・一切事物與想法，有改變現在的方針之必要。

・以前在下位的人，不被衰運所壓倒，重新振做起來的運勢。
・勞苦奔忙。
・男性容易對異性的問題發生苦惱。

▼2——4數

此數的組合有「隨從」的數意。
・這一組織之數，有和合的意思。但如做不正的事，則因反動而招致失敗。
・有隨欲而動之意。
・心中有種種思慮，煩惱多端。
・按時而動可得大成功的數意，在移轉、改革、轉職的時機，把握運勢。
・受他人愚弄，遭受困苦。
・因異性而引起問題。

▼2—5數

此數的組合有「過分」的數意。

- 有因一切與身分不相符之事而破壞的數意。
- 對一切事件的太過，容易引起失敗。
- 因行為過分招致大失敗而後悔。
- 是慎重的考慮不夠，迷惘的時期。
- 有事物落後之意。小事如能急做可以成功。
- 表面看著很好，內容有不相符合之點。
- 開始的時候勞苦，後來漸漸好轉。
- 事物不都是順利，中途插入障礙。
- 物質有集散的數意，有物質破壞之意。
- 前進不得其時。如果要前進，非藉他人之力不得成功。
- 是在異性身上發生問題之時。

・是對飲食與愛情著力之時。

▼2—6數

此數的組合有「苦痛」的數意。

・是一切在勞苦困難之時，凡事不如自己理想。是一點一點的做著的時候。
・對於學問和精神方面有關的事項是吉數。
・有由上級的支援扶助的力量。
・一般人是凶數，從事研究學問的人，一開始是凶而終久是吉。
・不合乎自己的希望。受上級的支援，有想不到的成功揚名之事。
・為親戚、友人而勞苦之事很多。
・大致此數的組合，是困難勞苦之數，一切事不太好。
・注意疾病的磨難。
・為住居與妻子等家庭問題而勞苦。

▼2——7數

此數的組合有「感動、通達」的數意。

・一切通達，得人信用而成功。

・由外面發生好事。

・無論善惡之事，心中都有勇敢前進之意。

・男女之間善惡之事，都容易發生問題。

・對於與他人意見相同之事，基於這種原因去合作，必得大的成功。

▼2——8數

此數的組合有「集合、多、和平」的數意。

・一切均有吉意。

・意外之事，飲食之事有聚集多人之數意。

・金錢集聚，但因金錢而起爭論。

- 與以前不合斷絕來往的人，又復親近，而有好事發生。
- 希望的事大概都可以達到目的，但需注意女性的妨害。
- 受多人的愛戴，自己也知自愛。
- 此一組合的數意，富於集合物資的得意事項。
- 有散而復聚之意。
- 有再婚與和睦之意。

三、占數三的組合相對數的暗示意義

▼3——1數

此數的組合有「緩慢」的數意。

- 當得到一切的時候，有豐富之意，但一般人因為過強反而為它蒙受妨害。
- 是非常的盛運，但有不為自利而招致怨懟之事。外表看起來很好，而內部則有不相隨合的怨懟。
- 因色情遊蕩而使身體崩潰。
- 有文藝學術發展之數意。
- 是心中發生種種煩惱之時。

▼3──2數

此數的組合有「相背、相異」的數意。
- 此數的組合因有相背之意，對於事物便難以安排妥當，但是在精神方面及學術上則是吉數。
- 是煩惱多、事物散亂的時數。
- 對人關係缺乏和合，容易破壞事物的成就。
- 與所有人共同商談事項主凶。
- 有家庭內不和，朋友相背的苦惱。

- 在女性來說，這一數的組合是非常不好，心抱邪念。
- 因思想錯誤，有大失敗。
- 得不到他人的助力，援助者與之遠離。
- 是色情氾濫的時數。
- 對人懷疑，感到受他人的痛苦。

▼3——3數

此數的組合有「著而後離」的數意。
- 一切事去急做，才有成就，時間一久，即發生變化。
- 長期間的事情，在中途發生破綻。
- 此數的組合，在一開始達到而後又離散之意，開始有成，終究無法善後之意。
- 外表是盛大的樣子，內容實際是相反的。
- 言語忠實，而內心實不忠實。

・遭遇意外的災難，受他人的中傷。
・強人與蠻橫者都將失敗，溫和的人、有實力的人得他人的援助而成功。
・一切有新就之意，與親人則遠離。
・先吉後凶之數，處置適當亦可轉凶為吉。
・對學者、教育者是吉數。
・一切要能趁時，遲鈍則有變化。
・住所常有變更，感覺麻煩。
・文學發展。
・提防因女性而招致災難。
・容易引起法律問題。
・受多人的注目的時數。
・金錢、財物有損失。
・注意爭執與裁判之事。

▼3——4數

此數的組合有「保養、爭執、相嚙、爭吵」的數意。

- 一切發生滯礙，難以達成的狀態，不斷努力，終有成就。
- 一時很壞，以後轉好。
- 一次前進不行，但亦不能退後，最好維持現狀。
- 爭逐於利益和私慾，必遭到大失敗。
- 應注意意外的災難。
- 有被人叱責和爭吵的數意。
- 夫婦間爭吵，有色情的災難。
- 一時盛大，終將衰微。
- 是容易發生爭執的時數。
- 多因飲食的關係而發生事故。
- 事物有反覆之意。

▼3—5數

此數的組合有「重新改變」的數意。

・有一切零亂、迷惑、破財之數意。

・有破壞亂逆之兆，一切由內部發生災難。

・此一數意在事物發生破敗之時，有先凶後吉的數意，一般說來則是凶數。

・困苦、災難遠近都容易發生，內部、外部都有不安。

・男女皆因色情破家亡身，發生大事。

・一切事物毫無頭緒，多受困苦。

・親子之間不和。

・有疾病、盜難之慮，破財、災禍層出不窮。

▼3—6數

此數的組合有「時期未到，由現在開始」的數意。

・一切事物正在開始，最後得有成就。
・希望的事情不能急就。
・是身心都有勞苦的時數。
・一切後來得好。
・女性有喜事，男性先苦後甜。
・有色情的紛擾。

▼3——7數

此數的組合有「多次變遷」的數意。
・小事成就，大事拖延時間。
・依他人之力也不得成就之時數。
・親人離散，又與新人接近。
・事情一開始吉利，到後來引起悲哀。

・在喜中含憂。
・可得眼前之人的力量。
・是易起改變的時數。
・有散財、災難和盜難的不幸。

▼3——8數

此數的組合有「進取、仰慕」的數意。
・無論吉凶善惡，皆有發展之意。
・對一般人來說是吉數，特別是有才能的人更是好的數意。
・有住所變更之意，變遷到好的地方。
・希望大致均可達到，但需要等時間。
・與久別之人重逢，與關係壞的人成為好的伙伴。
・受上級之人的援助。

・是受人注目的時數。
・以前困苦之人，一時變為順利。

四、占數4的組合相對數的暗示意義

▼4——1數

此數的組合有「盛大」之數意。
・一見之下是盛大剛強，但內部實有不相配合的破綻。
・對一切事物溫和，有時也會發生暴躁。
・對親人有反目之事。
・對和平有禮的人是吉數，對強橫無理的人是凶數。
・為他人所屈服而動怒。
・忘掉了前後不顧一切的前進，事物將有破壞。

・過於激進，不向後顧慮，將有失敗危險。
・責叱他人而受人叱責。
・是有急意的數意。

▼4—2數

此數的組合有「錯誤」的數意。
・過於考慮反而有失敗之虞。
・遭遇意外的災難。
・失去時機，使事物破敗。
・在女性的事務上發生問題。
・是勞苦多而沒有成就的時數。
・已經決定好的事項發生變故與變更。
・被人看成是愚蠢而受到輕視。

- 有反覆的數意。
- 受他人的種種誘惑而遭到失敗。
- 是破財與色情糾紛的時數。

▼4—3數

此數的組合有「豐富、升起、盛大」的數意。

- 在最盛大之時，即開始要走下坡。
- 為謊言、陰謀所苦惱。
- 是一切守舊，避免進取擴大的時數。
- 因過於盛大，應注意留心節約。
- 沒有決斷，招致失敗。
- 有借貸而不能償還的苦惱。
- 是受他人恥辱之時數。
- 有意想不到的驚恐。

▼4──4數

此數的組合有「震驚、發怒」的數意。

・此數的組合有事物難以整頓成就之意，只是有名無實的虛聲而終。

・是有福德、有盛大的數意，但只是空自騷動一番，在一點也不成形之中，而眼看著失敗倒下。

・開始很好，結果漸漸的容易萎縮。

・一般人說來外表很好，結果不好。

・有騷亂之意。

・叱責他人，遷怒他人而招致事物的破敗。

・有爭執，應加注意。

・因虛言大話，受他人的煩擾。

・有驚恐不安之事，但不太大。

・事物有變動之意。

・依數的組合而論，開始不好以後也可以有為。
・一般人來說事物操之過急則有容易失敗的傾向。
・由遠方傳來震驚的消息。

▼4——5數

此數的組合有「久遠」的數意。
・數意很好，但如輕舉妄動則將是不佳，對於真誠的人則是吉數。
・能夠靜守以前的事物較好，妄自改革維新，招致失敗。
・一切事物有聚散之意與別離之意。
・藉他人之力，互相商談事情有很好的成就，獨斷獨行將會失敗。

▼4——6數

此數的組合有「離散、惡化、解除」的數意。

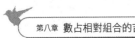

・一切困難解除，沒有勞苦。
・得到安心，心生怠惰。
・事物有互相混雜之意。
・小事應當急速推展，拖延時間將失去作用。
・有一切解消之意。吉事解除凶事來到，凶事解除吉事來到。
・是得良友的時數。
・有盜難與損失之數意。

▼4——7數

此數的組合有「太過、錯誤」的數意。
・有一切事物不成之意。耳聞而目不見的焦急狀況。
・沒有大的災難，只是常有勞苦，事不如意。
・對他人所求之事，件件都辦不到，有事物不能準備完全之意。

- 小事尚可成就，大事不如理想。
- 與他人合作，雜亂無章。
- 對一切事物，有反覆之意。
- 與友人、親屬之間感情惡劣。
- 對事物多有反悔。
- 對一切事物有違背相反之意。
- 是勞苦多而不自由的時數。

▼4——8數

此數的組合有「乞求、怠惰、預備」的數意。

- 有歡悅之意的升進最好的時數。
- 有被新的事物包圍之意。
- 是一切和合喜悅的時數。

・在以前有實力而不得意的人，此時得大發展，但怠惰之人則此時衰頹。
・有震耳聲名引人注目之意。
・受人誘說，開始預備，種種準備。
・是有驚險的時數。

五、占數5的組合相對數的暗示意義

▼5——1數

此數的組合有「停止、儲存」的數意。

・事物有滯礙，進行不順利。
・與親人之間關係不佳，不能得到援助。
・一切操之過急，不得成就，等待時機，可以成功。
・有受人半親半嫌之意。

- 夫婦之間關係不佳，家庭內常不安。
- 有色情破身的數意。

▼5——2數

此數的組合有「真誠」的數意。

- 此數是有真誠第一之意，對於誠實正直的人是吉數，反之對於邪心的人則有大難來臨。
- 對事物一點一點的慢慢進行，漸入佳境。
- 有對人戀慕之意，有與人密談之意。
- 有受人敬愛之意，有為人盡力之意。
- 開始時很壞，以後便轉入佳境。
- 受他人依託之事一切整頓很好。
- 有非正道戀愛之煩惱。

▼5——3數

此數的組合有「家庭內部、親切」的數意。

・小事吉利，大事力量不足。
・對一般人來說是吉數，有私怨則招致破敗。
・依賴於所有女性都得到成就。
・為他人而勞苦，自己也得受他人的援助。
・有與人相親之意。
・家庭之內有勞苦，容易發生混雜之事。
・為他人之情義所束約，招致失敗。
・有嫉妒之意。
・沒有大災難，但絕對要注意女難和火難。
・有爭執和受女性的中傷，招致事物的破敗。

▼5——4數

此數的組合有「增長、前進」的數意。

・有活動之意，多勞苦與不安。

・是不安定、損失的時數。

・與他人合力可以成功。

・有為他人盡力、為他人負罪之事。

・有意想不到的災難，財多失散。

・有受人嫌忌之事。

▼5——5數

此數的組合有「跟隨」的數意。

・有向前再進一步，即將受挫的數意。

・重大的事項，反覆變化很多。

・進退迷惘，沒有決斷。
・一切跟隨他人之後，隨他人而做，則不慮有所失敗。
・遠方的事情吉利，但需多費時日。
・身心不安，猶豫不決，目前顧慮太多。
・聽信別人的傳說而多受辛勞，但不久即告解決。
・含有一切散失之意，守靜為宜。
・虛言多而實際少，如果不留神，即將破財。

▼5——6數

此數的組合有「散失、解消」的數意。
・含有一切得以成就、煩惱消散之意。
・有混亂、損失之意。
・對長久期間的希望，可能適意達成。

• 有向遠方買賣，與遠方往來之意。
• 有想不到的災難，與意外之損失。

▼5——7數

此數的組合有「進取」的數意。
• 一切都在點點滴滴的積聚進步中，操之急躁則失敗。
• 漸進的行動，顯露出好的結果。
• 事豫則立，開始必須慎重，並見開始好轉，以後即可成功。
• 正是投資與奮身躍進的時數。
• 由近及遠，先凶後吉，可由小事成大事。
• 野心蓬勃，過於進取，以致難以收拾善後。
• 有異性相互俯就之喜慶，特別是女性愛慕男性而結合成為良緣。
• 容易發生桃色糾紛。

・關於財產有煩惱，易起破財及反覆之災難。
・如不注意言行，容易失身破財，吉凶未定。

▼5—8數

此數的組合有「觀望、指示」的數意。
・此數含有被人懷疑觀望之意，對一般人來說不太好，但對生日及命運數是4、8之數的人來說，相對的是吉數。
・有陷入困惑之意。
・發生意外與意想不到的事。
・為他人而蒙受損失。
・一開始很好，後來發生變化而轉壞。
・理想太遠大，希望太高而失望越大。
・受他人誤會而被憚忌懷疑的時數。

六、占數6的組合相對數的暗示意義

▼6——1數

此數的組合有「尋求、等待」的數意。

- 一切要等待一些時期，才能有成就，操急則失敗。
- 不利與人合作，易遭失敗。
- 應加注意人際相處，容易與他人有爭執。
- 如果著急，即行破敗，在各方面等待，則其結果是吉利的。
- 有受人款宴，或在飲食上受人援助。
- 有使事物倒置之意。

▼6——2數

此數的組合有「停止」的數意。

- 小事可以達成，大事在中途發生障礙，不得成就。

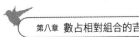

・此數有停滯之意，凡事不能立即達成，必須等待，漸次前進，才能好轉。
・一切因時期而決定，並以做一些與身分相符的行動而可得吉利。
・是目前靜止，動則有損的時數，妄動則招大失敗。
・應乎身分而建立希望是非常要緊的。
・應當控制廣泛的發展，固守舊有的情況為宜。
・有意外的災難。
・受他人的譴責。
・有事物閉塞不通之意。

▼6——3數

此數的組合有「已成、已盡」的數意。
・有事物開始紊亂之意，開始雖好，終久必破。
・目前是最好的時機，把握不失時機而行動，小事可以成功。

• 凡是始吉終凶，有不能等待終了之意。
• 稍一不慎即遭逢災害。
• 有色情之事。
• 是事物已完終了的數意。

▼6——4數

此數的組合有「煩惱」的數意。
• 是一切困難的時數，等待以後發展。
• 有交涉商談一切不成就之意。
• 有求財、豎立新計畫之意，小事可成。
• 一切事物均有障害，多受困苦，經過時日，自然好轉。
• 按自己的思想去做，必定失敗。
• 有隨他人之意。

・有改變事物之意，但不得其時，反遭失敗。

▼6——5數

此數的組合有「停止、靜止」的數意。

・維持現狀，動則損失。

・有窮途末路之意。

・不創建新的事物，守著舊有的，受人仰慕而有福德。

・有沒有依賴之意，等待時機，自然好轉。

▼6——6數

此數的組合有「墮落」的數意。

・是一切艱難辛苦多難的時數。

・自己沉緬在有利的環境，但將招致意外之災。

- 有爭執，互有損失與失敗。
- 有疾病、盜難、水患，遭遇非常的困苦。
- 有戀慕他人的隱意。
- 容易發生異性問題。
- 與他人共事，容易反目。
- 有漸漸稍稍進取之意。
- 有意想不到的傷損之虞。

▼6——7數

此數的組合有「煩惱、腳下的故障」的數意。

- 一切不如理想，是困難的時數。
- 為他人勞苦而得到幫助，因之而獲得幸福。
- 苦於貧乏與困難的事件，相繼的發生。

・聽從他人之言而做事，沒有害處。
・目前的希望是不如理想，後來可以達到目的。
・有擔心勞苦不安之意。
・容易發生腳的傷損和遷移的事故。

▼6——8數

此數的組合有「比較、親切、進入」的數意。
・有懷疑苦惱之意，先凶後吉。
・有對一切親和之意。
・事物成就一半。
・受他人之親近，得他人之力。
・能與多人親近，但對交友如不慎重，則以後將蒙受損失。
・破財，如不能善為經營，將不能恢復。

七、占數7的組合相對數的暗示意義

▼7—1數

此數的組合有「停止、培養、儲存」的數意。

- 受盡勞苦，然後通達。
- 對一般的人來說有滯礙，必須等待時機。
- 容易與人發生爭論或絕交。
- 有物質增長集聚之意。
- 自己有力量，但不如理想。
- 有把持、儲備物資之數意。
- 一切操之過急便有破綻。

▼7—2數

此數的組合有「省略、損失、減少」的數意。

・以持有對人盡力態度的人是吉數，自我本位的人是凶數。
・目前不太好，以後可以成功。
・眼前是一時的損失，將來得受利益。
・有為他人盡力之事。
・父子、兄弟之間有損失。
・兩次、三次反覆的做，有成功希望。
・勞苦多，在做了之後有成功希望。

▼7—3數

此數的組合有「裝飾、美好」的數意。
・對一般事項是吉數。大的事項不能成就。
・一切均有裝飾之意。
・有誤會他人之意，注意爭論。

・對文藝學術來說是非常好的數意。
・急躁不能忍耐，事物便要破敗，因誤會而使以前的友誼關係改變。
・常想與身分不相符之事，遭遇失敗。

▼7——4數

此數的組合有「培養」的數意。
・有滯礙難以通達的數意。
・有培養與被培養之意。
・有犧牲自己聽從他人之意。
・事物最後有所成就，時期未到，尚有勞苦。
・與飲食之事有關係。
・有離開親人之事。
・有怨人、責難之意。

・有爭執口舌之事。

▼7——5數

此數的組合有「破壞、爭鬥」的數意。

・有破壞、雜亂、困惑等意。

・有一切破壞之意，是由內部發生的破壞。

・一切災難與勞苦由自己方面所引起。

・如果是男性則因女性問題而失去社會地位引起家庭糾紛。

・有疾病、色情糾紛等事。

・精神的碰壁，有破綻之兆，應當充分的留心。

▼7——6數

此數的組合有「黑暗不明」的數意。

- 有對事物完全不清楚之意，目前不佳，後來可以漸漸好轉，所以切忌焦躁。
- 最初是迷惘不決，後來成為吉數。
- 大事不能成功，隨著他人做小事可以成就。
- 一切不如理想，有勞苦之意。
- 因飲食問題、色情問題，使身體崩潰或給他人帶來困擾。
- 一切借重上級及年長之人的力量，可以做好。獨斷獨行必遭凶險。
- 受他人的懷疑及愚弄，使自己遭遇困苦。

▼7——7數

此數的組合有「停止」的數意。

- 是停止則吉、前進則凶的時數。
- 事物有一半成就、一半擱置之意。
- 目前事物停滯，經過時日漸可好轉。

・一切靜止為宜，動則損失。
・有一切不被人知之意。
・是有損失的時候。

▼7——8數

此數的組合有「避免、墜落、剝削、破壞」的數意。
・安靜的等待時機方為良策。
・如果想去改變做新的企圖，必定失敗。
・是受他人妨害的時數。
・有女難與盜難的時數。
・動即失敗，應以保持現狀等待時機為最好的方法。

八、占數8的組合相對數的暗示意義

▼8——1數

此數的組合有「豐富、安泰」的數意。

- 此數的組合是由目前的最盛期走向衰運，應當堅守現狀。
- 謙遜則吉，驕傲則凶。
- 事物安泰，在反面是沒有進展。
- 表面看來很好，內部勞苦很多。
- 挫折很多，勞苦不少。
- 有和合之意，不要焦急，任何事都可成功。

▼8——2數

此數的組合有「盼望、前進」的數意。

- 此數能夠平穩的前進則佳，強制的施行，則遭遇失敗。

・對事物慢慢的去做合宜，急促從事則凶。
・有受他人迷惑前進之意。
・輕視他人定遭失敗。
・有爭奪色情的糾紛。
・無意之中發生事故。

▼8——3數

此數的組合有「破壞、變遷、滅亡」的數意。
・有諸事破敗傷殘之意。
・原想發揮自己的才能，結果反而遭到損害。
・是有與他人彼此改變關係的時數。
・思想不決定，遭遇困苦而失敗。
・隱晦，等待時機是最好的方法。
・遭遇意外的災難、女難與傷殘。

▼8——4數

此數的組合有「改變、再次」的數意。

- ・此數有漸入佳境之意，急則失敗。
- ・不是凶數，但是多次反覆之意。
- ・有想不到的意外收穫。
- ・經過幾次的反覆之後，有好的事情發生，是在一次破壞之後，再有成就之意。

▼8——5數

此數的組合有「進步、上升」的數意。

- ・有漸漸得好之意。急則反而成凶。
- ・等待時機再來行動則吉，焦急則必定失敗。
- ・一切前進吉利，不可退後，但不可過於急躁。
- ・有疑慮凡事不能決定，以後漸次好轉。

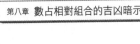

・依賴他人以成事，是得意的吉數。
・今後漸漸吉利。

▼8──6數

此數的組合有「爭鬥、戰爭」的數意。
・為人之師的人是吉數，一般人是因數。
・大事遲緩有大的成就。
・對意外的爭鬥與災難，應需留意。
・集合多人，聽從人意而做。
・發生女難、盜難之事。
・容易與人爭鬥。

▼8──7數

此數的組合的「謙遜」的數意。

・一切事都以謙遜態度是吉數。
・將來有大成之意，目前的事情不太理想。
・有不如己意而發生破壞事物之意。
・跟從他人之後而行動，乃大吉之數。
・有始無終之意。

▼8——8數

此數的組合有「隨從、動作」的數意。
・平穩的前進是非常順利。急促有凶，後半漸漸好轉。
・不違逆他人，自然得福。
・為他人而勞苦。
・與他人協同則吉。
・不可自行改革，招致失敗。

第九章 西洋古代的數術符印意識

相傳西洋古代有了占星術與占數術，於是產生了宿命定數的宿命觀。人生的命運受星占或數占所左右而不能改變，但是人類又不願向既定的宿命低頭，終於又產生了「命運可以改造、改變」的意識，於是此一意識正相當於我國古代的符籙與符咒可以發生相當改變人類命運的符印意識，終於流傳下一些符印與咒語。

這些符印與咒語是否真的能夠產生其作用？

我們現在無從考據，但以其相當於服飾及裝飾品，即使不能真正產生改變命運的作用，卻也無所妨害人之命運，甚至能使符印使用人產生微妙的精神寄託與信賴心理，因此姑列於後，以為參考。

一、數的護符與護身符印

凡數的符印，由於流傳久遠，其符文已失真確，相傳最早各有其數之不同護符，後來終於演變成為任何數之護符，並且與護身符印相混淆。

1、數的護符，最中央為太陽神，其次為月神，外層常為五星三神，但流傳之符文已佚真。

2、大的護符佩帶在身上，或飾於肩章，或飾於腰帶，小的護符鏤飾於戒指。

3、相傳唸動下列咒語時，能夠召喚守護神下降護神。

4、另有護身符印與數的護符相當，可以護身避難。

數的護符

上面的繪圖，大的是護符，下面小的是指環，把它帶在身上，能夠喚鬼神下降護身。

護身的符印

上面的繪圖，把上面的護符和下面的指環帶在身上，則可以護身避難。

二、變化性格的符印

古人相信人類的命運因為性格所使然而不能改變，因此發現一個人命運不好的時候，就使其佩帶「變化性格的符印」，相信一個人的性格改變之後，其命運也隨之改變轉好。

變化性格的符印

如上面的繪圖，把上面的護符放在左手之下，把下面的指環戴在右手食指之上，然後偏首唸誦咒文，即可以改變性格。

三、發揮才能的符印

古人一直確信人類許多優秀的潛能未能發揮，因此對某些希望發揮才能的人來說，可以佩帶護符發揮其潛在才能。

發揮才能的符印

把上面的護符帶在身上，把下面的指環戴在右手的小指上，以發揮天才，成為天才的藝術家。

四、招財進寶的符印

人以財養命，為財而亡，故求財貪利之心理而有招財進寶之符印及方法，收錄以供參考。

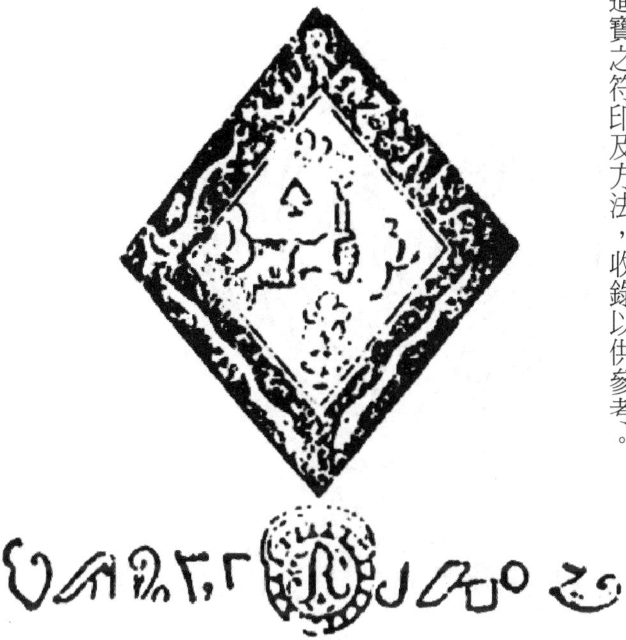

招財進寶的符印

上面的繪圖是把上面的護符用左手的大拇指和小指捏住，用右手的手指把下面的指環套上，然後唸出咒文便有七位使者帶來財寶。

事物成就的符印

把上面的護符和下面的指環帶在身上，便能有許多的神來幫助。凡事皆可成就。

六、破壞的符印

破壞的符印

上面的繪圖，把上面的護符和下面的指環帶在身上，則有眾神掀起天變地異，破壞一切。

七、探求秘密與洩露秘密的符印

古人相信佩帶「探求秘密的符印」，可以容易探求到本人想知道的秘密，但是對於某些守口如瓶的人還是無法發生作用，這時候就必須配合「洩露秘密的符印」，終於可以使他人輕易的洩露秘密。

探求秘密的護符

如上圖，把上面的護符放在耳邊，把下面的指環用左手拿著唸著咒文，便可知道自己想要知道的秘密。

洩露秘密的護符

如上圖，把上面的護符放在右面的平坦地方，把下面的指環戴在小指上唸著咒文，便可以使他人說出他所隱藏的秘密。

八、治療疾病的符印

治療疾病的符印

如上面的繪圖，把上面的護符放在病人的肚腹上面，把指環赤色的緩線（赤色綠繐）拴上，然後唸誦咒文，疾病即可痊癒。

綜觀上述七類符印，假使確有傳說之效用，應該值得我們考證研求，可惜的是附錄之咒文佚真，而且無法再配合符印使用，所以本章所述，亦只知我國殘存的符鏢意識，姑妄言之而已。

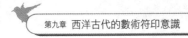

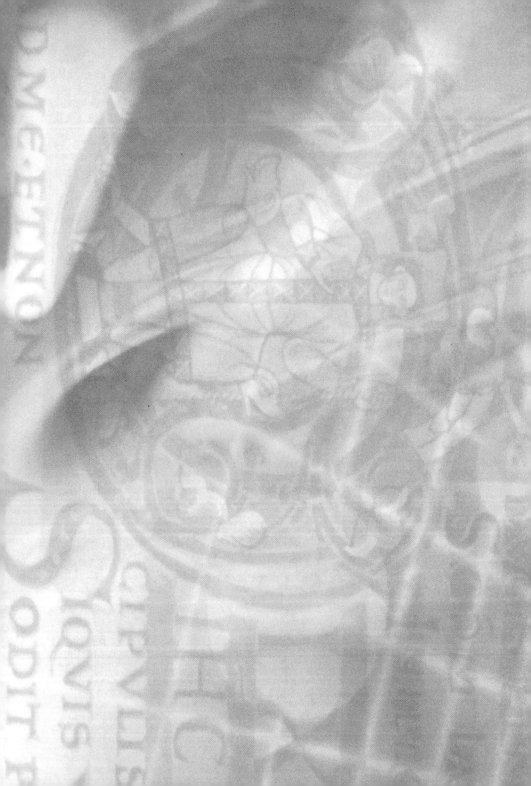

第十章
占數術的利用

俄國大詩人普希金由貴族學校畢業之時，有當時聞名於世的德國女占星術家給他占卜，她做了下面的談話：

「您不久即有很大的名聲，但您在37歲的時候要特別注意，在這一年特別要留心白色，是白色就有忌諱……白馬、白頭髮、白色的人要多多的對它警戒。」

這預言後來都應驗了，他在37歲的時候和青年軍官丹蒂斯決鬥而死。丹蒂斯熱愛漂亮，穿白軍服，戴白手套，是銀白色頭髮的男人，而決鬥的場所是站在白雪堆上。普希金的鮮血終於染紅了白色，也可以說是數的神秘。

由於普希金不幸短短的結束了一生。他的一生也是占術所造定。因此研究占數術者，往往相信占數而相信一些招致幸運的事物，並且產生了一些忌諱的事物，終於造成了占數術的利用。

第一節　發現日子好壞而把握機會

一般人所謂「好日子、壞日子」，在西洋也有發現幸運日和好機會（好運道）的方法。這也是用出生的日數和姓名數兩者來判斷。例如與戀愛的人約會日期、結婚的日子，此外應乎必要自己一個人做把握機會的占數判斷。

①將目的日做成一單數。

例如由一日到十日可以用原數。由十一日到三十一日則相加改成單數。如像二十五日為7數，十八日為9數。

②再加上自己的姓名數做成一位的單數。（如前所述的將姓名數改成單數之法）。

③將自己的出生日改成一位單數。

④將此三個單數（一位數）相加，然後看出來的複數（兩位數）的吉凶。

【例題】

現在有一位十一月二十六日出生的「山田花子」女性，在八月二十五日想開始做一件事。她想看一看這一天是否吉利、幸運（把握機會之日）。

①把二十五日改成單數。

2+5=7　就是7數。

②把「山田花子」改成單數。

YAMADA　HANAKO

1 1 4 1 4 1　5 1 5 1 2 7

加成33數，33=3+3=6

③把出生日十六日改成單數。

16=1+6=7　就是7數。

④將此三數全部加在一起。

7+6+7=20　就是20數。

然後參照前章「數的暗示意義」，去看一看這一日是否幸運之日，便立刻明白了。這20數中說「向新計畫前進」的暗示，即是還不到時期，表現尚在精神發展的階段，而不是實現的時期。

因此，如果想要做一新的計畫，則是為期尚早，現在先做一番預備，因為20是個吉數，所以斷定以後是日漸好轉。

如此則能算出自己的幸運之日，並且在這一日子上，事情進行到怎樣的程度，或是這一日將有什麼事發生，都可明白了。

第二節　探知對方年、月、日而合婚

前一節我們以預期日數加姓名數加本人生日數而計算其數之與本人生日是否調合而決定日子之好壞，進而當做個人確定機會的好壞，正與我國擇日的觀念相當接近。

現在我們要介紹的就是結婚是否成功的占法，這一占法又與我國的男女合婚意識相當接近，所以——

首先要把對方（異性）的生年、月、日（出生日）發掘出來，在這種場合應當注意的是：

- 要知道真正的生年、月、日。特別是女性不願意讓人知道她的年齡。為了表示她還年輕，所以多半說的是虛假的生年、月、日。
- 在交往尚淺的場合，設法在不傷及對方感情之下，發掘出生年、月、日，這是排除情敵的三角關係，得到對自己有利的暗示是非常重要的。
- 結婚日期為了達到目的，兩人（您與對方）選擇適當的時間。當然要選最好的日期，但是不能忘記要等待時機。一月之中由1到31日，您可以不焦急的等待機會。

一、占算的方法

①首先把自己的出生日數和姓名數加起來，改成單數（一位數）。

②其次是把對方（戀人）的出生日數和姓名數加起來改成單數。

③在兩人的單數上各加上結婚日、約會日等單數（複數的場合改成單數），如果是吉數便是成功的暗示。

這是與財運（經濟、物質）和名聲都沒有關係的。務必要挑選精神數（表示愛情）的吉數之日，是最重要的。

如果雙方挑選不出來，那就只選自己的吉數之日好了，在此場合，您必須出之以積極的行動。

占數的判斷雖是吉數（暗示成功），但對達成目的，還需要本身的出生日數是具有暗示機會的日數才行。

二、例題

①男性生於一九五八年六月二十六日，姓名總筆劃二十七數，計算改成單數。

1958+6+26+27=2017=2+0+1+7=10=1

②女性生於一九六四年二月五日，姓名總筆劃四十一數，計算改變成單數。

1964+2+5+41=2021=2+0+2+1=5

③就男性而言，占數「1——8」數，暗示此男性如娶此女性，最初很壞，有反目相對的苦惱，經過一段相當時間，後來才變好。

④就女性而言，占數「8——1」，暗示與此男性結合，表面上看起來很好，卻含蘊著勞碌辛苦的象意。

⑤男性生日二十六日，化為單數8，招致幸運之數4、8、13、17，幸運日為八日、十七日、二十六日。結婚宜選擇1、3、6數生之女性。

⑥女性生日五日，招致幸運之數為5、14、23，招致幸運日為星期一、星期五，結婚的對象宜選擇5數。

⑦比較此二人之結合為不當之結合，唯一辦法就必須選擇適當的結婚日期來調合，但以不易找到一個調合日子，因此結婚之日利於男則男吉，利於女則女吉。

⑧假定二人於一九八五年五月十九日結婚，十九日對男女雙方俱非吉利之數，則可能產生占數之象意，如改年、月、日、時為單數，則一數對雙方來說，亦非吉日矣！

其餘合婚皆仿此推論之。

第三節　三角關係的利用

在商場上，往往產生互相爭取同一客戶之三角關係或多角關係，不過因為數據的掌握困難，很少利用占數術來幫忙判斷，但如在情場上，往往可以想辦法探知我們所需要的數據，因此又可以運用占數術來做參考，以為戰勝戀愛或結婚情敵的參考。

一、利用三角關係的實例

如果您被情敵所困擾，苦於三角關係的場合，依著占數術判斷，必定可以得到戰勝的暗示。

在此場合您必須要知道戀人的生年、月、日和情敵的生年、月、日。於是——

①把您的戀人的出生日數和姓名數加在一起，改成單數（一位數）。

②把您的出生日數和姓名數加在一起改成單數。

③把您的情敵的出生日數和姓名數加在一起，改成單數。

在這三者的關係上——

☆右列的①和②加在一起，改成單數，在這上面加入什麼數才成為吉數複數（兩位數），而這一個數的日子就是您和戀人幸運之日。

☆其次把右列的①與③加在一起改成單數，在這上面加上什麼數才成為一個壞的複數，而這一個數的日子便是戀人與情敵見不到的日子。

由這兩種結果，您再找出您和戀人的幸福之日、相會之日，而同時又是戀人與情敵見不到的日子。在這個日子上，您與戀人通電話、定約會，盡可能的要在相會的日數上與戀人接近，便有成功的暗示出來，於是您的長處、優點才能移入戀人的眼中，戀人對您才能首肯應允。

這種占數術，用文章去寫是非常的麻煩，但是實際做起來卻很簡單，最要緊的是善加利用您和戀人的幸福日和戀人與情敵的惡劣日兩者的重疊日。

二、例題一

假定您的出生日數和姓名數相加的單數是「6」，您的戀人的出生日數和姓名數相加的單數是「4」，您的情敵的出生日數與姓名數相加的單數是「5」。

在這三者的單數上，找出你和戀人的好日子而又是戀人與情敵的壞日子。

請看下表：

您的單數（6）
戀人的單數（4）　?日 ｛ 吉數 ／ 凶數
情敵的單數（5）

如右表，您的6數和戀人的4數加起來是10數。戀人的4數與情敵的5數加起來是9數。然後去思考，對這「10」與「9」加上什麼數，則一方面是吉而一方面是凶呢？

這其中有許多的數可以加入。假定加上9數（即9日）。

•您是「6」，而戀人是「4」再加上「9」即成為19數，這是吉數。

•戀人是「4」，而情敵是「5」再加上「9」即成為18數，此是凶數。

按這一占法，即是在9日是您和戀人約會的最好日期，而是您的情敵的最壞日期。

（註：數的吉凶請參照前章「數的吉凶之暗示」項內查看。）

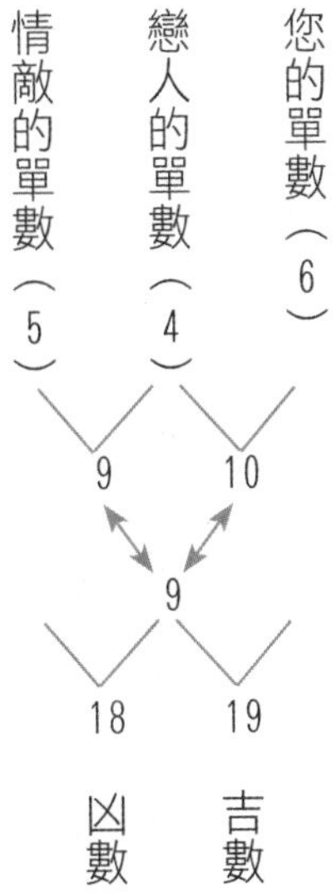

（19數）是有非常幸運的機會的強數，是獲得聲名、幸福、成功、尊敬的大吉數。

（18數）具有破壞精神的意義，是產生爭鬥、煩惱、混亂、反叛、詐欺等等災患的凶數。

於是在戀人與您的情敵之間，生出來煩惱與破綻，而與您之間則生出幸福與尊敬的關係。

三、例題二

11日也是一個好日子。假如您和戀人是用11日，則成為21數，是「名譽勝利的吉數。」而您的戀人與情敵用11日則成為20數，是「障害、中斷的凶數。」

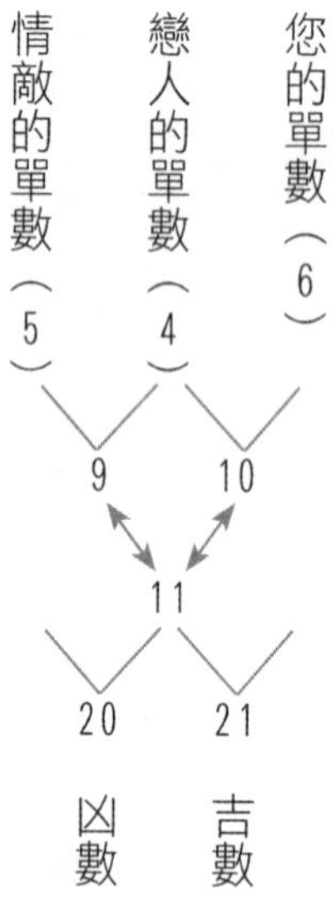

四、三者同時來看

在此場合的占數判斷，是三者（戀人、情敵和您）在同一場合來看，一方面是吉數而他方面是凶數，這樣是可以的。如果只是為了使戀人和情敵之間發生麻煩，使他們互相分離，只以選擇兩人的凶日為目的，則是不可以的。

如果您採用這一方法，則只有戀人和情敵是凶數。以前所說的是您和戀人的好日同時也是戀人和情敵的壞日，這樣是戀人在雙方重疊的占算。彼此有救助作用，並且是合於您的目的機會之日。如果只是使他人合於凶數之日那便不行。

三者同時來看的方法是占數的判斷方法。不能只為了您的成功而加給他人災禍的壞日子。

這一點在使用的時候要十分的考慮。占數術判斷是一種神秘的東西。使他人受害的占卜，應當盡量避免。如果不守這一原則，則災禍不久便反轉降臨到您的頭上。

綜之上述占數術的利用，我們所舉例子相當有限，其實其他由於姓名數的吉凶而產生改名，因為住處的門牌號碼數而產生遷移，或因電話、車牌號碼之吉凶而產生換號……等等利用，我們無法逐一舉例說明，唯盼讀者詳細閱讀本書而已。

後語

研究我國五術者，不一定同時探窺西洋數術，西洋數術卻若有與我國五術相當而類似者，尤其是在本書所敘述的西洋占數裏，有許多意識非常接近我國的易占及命理，甚至於使我們驚訝二者的相似而懷疑其是否有所關聯？

不論我國的命理與西洋占星術的大小行運有無關係，在筆者的心中一直存在著一種莫名其妙的恐懼，尤其是在聽說西元十六世紀的紀年學家「史迦利日」氏以陽曆紀元前四千七百十三年的羅馬儒略曆法而發明儒略週期推求日辰干支的方法時，心中對於東西方文化的懷疑更深，在四、五百年前的西方需要運用日辰干支嗎？

假使四、五百年前的西方人不必使用日辰干支，則應不產生儒略週期推求干支的方法才對。

假使史迦利日氏的發明，只是古羅馬儒略曆文明失落的重新發現，那麼我們如果具備豐富的想像力，很可能就像筆者一樣的懷疑《史記》所載：「黃帝獲寶鼎，近日推策。」及《史記》正義所載：「黃帝愛神策，命大撓造甲子，容成造曆。」

干支是從西方傳入中國的嗎？曆法是從西方傳入中國的嗎？

現在我們的曆法是陰陽曆並用，命理是採用陰曆，而節氣卻相當於陽曆。

溯考子平立命宮之法採取太陽過宮而相當於陽曆，斗數雖以「斗」「數」並稱，而只見滿天星斗而缺佚數理，其所缺佚之數是不是相當於西洋占數術的數？

這些莫名的敬懼的懷疑，幾乎想像上古時代曾經有過高度文明，由「黃帝」這一個人或這一族人傳承了上古時代的高度文明，所以才能依據以為造甲子及造曆法。

那麼，西洋占數術能夠引藉為紫微斗數的占數參考嗎？

不論西洋占數術的內涵如何，筆者相信這裏面含蘊著相當玄奧的數理，只要讀者對於數理有濃厚的興趣，不妨以為鑽研自娛而娛人！

中國五術教育協會副理事長

黃恆堉 著作

學八字，這本最好用

定價：300 元

（附八字論命光碟）

看完本書，保證你一定會精準斷八字。

學姓名學，這本最好用

定價：320 元

（附光碟）

保證一分鐘得知姓名吉凶!!附贈價值 2000 元電腦軟體。

學數字斷吉凶，這本最好用

定價：320 元

(附數字斷吉凶光碟)

史上最容易上手，最實用的命理書只要看懂中文字，隨時隨地都能上手。

初學手相，這本最好用

定價：300 元

（附光碟）

彩色圖文整合解說，附贈超值光碟論命軟體，一本就搞定紛亂複雜的掌紋秘密。

黃恆堉

◎吉祥坊易經開運中心負責人
◎右成企管顧問有限公司負責人
◎中國五術教育協會理事兼學術講師
◎中華風水命相學會學術講師
◎智盛國際公關有限公司專任講師
◎永春不動產加盟總部陽宅講師兼顧問
◎中華眞愛生命關懷協會常務理事
◎美國南加州理工大學 MBA（研究中）
◎國際行銷大學企業行銷班講師
◎中小學、大專、社團全腦開發兼任講師
◎緯來電視台天外有天粗鹽開運節目老師
◎大學社團、讀書會、命理與人際關係養成講師
◎各大壽險公司，命理行銷專題講師（1000个場）
◎扶輪社、獅子會、青商會、婦女會等社團命理講座
◎中信、住商、太平洋、信義房屋、面相陽宅開運法講師
◎著有：學姓名學，這本最好用
學八字，這本最好用
八字論命軟體一套
數字論吉凶隨查手冊一本
十二生肖姓名學 VCD 一套
開運名片教學 VCD 一套
開運印鑑教學 VCD 一套
奇門遁甲流手冊及軟体一套
心想事成開運法 VCD 一套
手相速查手冊彩色版一本

周易道玄養生堂負責人

黃輝石 著作

活學妙用易經 64 卦

定價：350 元

中國古老智慧，一生必讀經典。

活學活用生活易經

定價：260 元

輕鬆霑濡《易經》的博大精深。

學會易經・占卜的第一本書

定價：300 元

易經占卜最權威，最暢銷的一本書，引領您輕鬆進入易經占卜的世界。

黃輝石

◎祖籍台灣嘉義朴子，一九五八年生。

◎東方工專工管科畢業、中華道教學院研究生。

◎現任周易道玄養生堂負責人、中華道教學院易經講師、中華道教學院校友會第二屆會長。

◎早年興趣頗為廣泛，研究過堪輿、紫微、八字、姓名學、奇門遁甲、六壬神式、手面相、道教神學、易經卜卦等。

◎人生志願：希望能研究出一套簡捷的方法，讓易經生活化。

國家圖書館出版品預行編目資料

大師教你西洋神奇占數術／乾坤子著
－－第一版－－ 台北市：知青頻道出版；
紅螞蟻圖書發行，2008.04
面　　公分－－(大師系列；13)
ISBN 978-986-6276-04-0 (精裝)

1.占卜
292　　99001535

大師系列 13
大師教你西洋神奇占數術
作　　者／乾坤子
美術構成／ Chris' office
校　　對／周英嬌、楊安妮、朱慧蒨
發 行 人／賴秀珍
榮譽總監／張錦基
總 編 輯／何南輝
出　　版／知青頻道出版有限公司
發　　行／紅螞蟻圖書有限公司
地　　址／台北市內湖區舊宗路二段121巷28號4F
網　　站／ www.e-redant.com
郵撥帳號／1604621-1　紅螞蟻圖書有限公司
電　　話／(02)2795-3656（代表號）
傳　　眞／(02)2795-4100
登 記 證／局版北市業字第796號
港澳總經銷／和平圖書有限公司
地　　址／香港柴灣嘉業街12號百樂門大廈17F
電　　話／(852)2804-6687
法律顧問／許晏賓律師
印 刷 廠／鴻運彩色印刷有限公司
出版日期／2010年 2 月　第一版第一刷

定價 299 元　港幣 100 元

ISBN 978-986-6276-04-0　　Printed in Taiwan